¡PURO FUEGO!

Siete secretos para ENCENDER su matrimonio

DENISE VEZEY

CASA
CREACIÓN
A STRANG COMPANY

La mayoría de los productos de Casa Creación están disponibles a un precio con descuento en cantidades de mayoreo para promociones de ventas, ofertas especiales, levantar fondos y atender necesidades educativas. Para más información, escriba a Casa Creación, 600 Rinehart Road, Lake Mary, Florida, 32746; o llame al teléfono (407) 333-7117 en Estados Unidos.

¡Puro Fuego! por Denise Vezey
Publicado por Casa Creación
Una compañía de Strang Communications
600 Rinehart Road
Lake Mary, Florida 32746
www.casacreacion.com

A menos que se indique lo contrario, todas las citas de la Escritura están tomadas de la Santa Biblia Nueva Versión Internacional (NVI) © Sociedad Bíblica Internacional, 1999. Usada con permiso.
Las citas de la Escritura marcadas RV60 corresponden a la Santa Biblia Reina Valera Revisión 1960 © Sociedades Bíblicas Unidas, 1960. Usada con permiso.
Las citas de la Escritura marcadas BLA corresponden a la Biblia en Lenguaje Actual© Sociedades Bíblicas Unidas, 2002. Usada con permiso.
Las citas de la Escritura marcadas BAD corresponden a la Biblia al Día incluida en e-Sword La espada electrónica, ©2000-2005 Rick Meyers, versión 7.7.7., con recursos en español provistos por www.ebenezer.hn. Usado con permiso.

Este libro fue publicado originalmente en inglés con el título: *Sizzle!*,
© 2006 by Denise Vezey. Cook Communications Ministries,
4050 Lee Vance View, Colorado Springs, Colorado 80918 U.S.A.
All rights reserved.

Traducido por Carolina Laura Graciosi, María Mercedes Pérez y María Bettina López; coordinación general y revisión de María Fabbri Rojas
Diseño interior por: Grupo Nivel Uno, Inc.

Library of Congress Control Number: 2006939908
ISBN (13): 978-1-59979-037-4

Impreso en los Estados Unidos de América

07 08 09 10 ❖ 6 5 4 3 2 1

A Stu:

*¡Tu naturaleza apasionada ha mantenido ardiendo
nuestro matrimonio todos estos años!
Gracias por el apoyo (en la lavandería) y especialmente
por tu profundo amor por mí.*

Contenido

Agradecimientos

A Cook Communications Ministries, por creer continuamente en mis proyectos y en mí. Publicaron mi serie para niños, *Getting to know God* (Llegar a conocer a Dios), y después me permitieron intentar esto, mi primer libro para mujeres. Estoy profundamente agradecida a su ministerio, y espero que nuestra asociación continúe siendo de tanto beneficio para ustedes como lo ha sido para mí.

El siguiente sincero agradecimiento es para mi editora, Mary McNeil, y para la directora de publicidad de la empresa, Michele Tennesen. Ambas captaron el concepto esencial de este libro —*su matrimonio no tiene que ser perfecto para ser maravilloso*— y sintieron que era un mensaje que valía la pena publicar. Mary, tu pericia profesional, las llamadas telefónicas, las oraciones y el apoyo emocional, han sido muy importantes para mí. Eres más que una editora; también eres mi amiga.

A Linda Dillow y Lorraine Pintus, por allanar el camino. Su trabajo, ministerio y especialmente su amistad han enriquecido profundamente mi vida. Su libro *Intimate Issues* (Asuntos íntimos), fue el texto básico para gran parte de mi investigación. Que Dios las bendiga a ustedes y sus familias en todo lo que hagan.

A mi propia familia, Stu, Luke, Joy, Brynne y Andrew, por sacarme del atolladero mientras escribía este libro. Me dieron la libertad de cambiar mi rol de "mamá" para escribir. Los amo mucho a todos, y ¡prometo que voy a empezar a cocinar otra vez ahora que lo terminé!

A mi Señor y Salvador, Jesucristo, alabanza y acción de gracias por estar conmigo en todos los aspectos y suplir cada necesidad para que esta obra pudiera completarse. Oro que tú seas glorificado por cada matrimonio que reciba fortaleza y ayuda a través de este libro.

A todas las mujeres que compartieron sus "secretos", por abrir su corazón para mí. Es un privilegio que no tomo a la ligera, y sé que *¡Puro fuego!* no podría haberse escrito sin ustedes. Gracias, incluso, por permitirme compartir sus relatos con los demás para que también ellos sean bendecidos.

Prólogo

Quedé sorprendido con este libro. Denise fue ganando mi admiración, mientras leía su manuscrito, por la sabiduría sencilla que desplegó al escribir este libro. Gracias Denise, por tu sensibilidad a nuestro género, los hombres.

Es raro encontrar a una mujer que logre con tanta certeza aconsejar a otras mujeres con respecto a cómo manejar su relación matrimonial, estableciendo un balance muy sabio entre sus necesidades y las de sus maridos. Denise demostró que conoce muy bien las necesidades de los esposos, y con un alto sentido de responsabilidad aconseja a "sus homólogas" a acercarse en el estilo y en la mentalidad correcta para lograr mejores resultados. Esta conoce la naturaleza del varón tan ampliamente que creo que nos hizo justicia entre las mujeres que han demandado demasiado de los hombres perdiendo de perspectiva que la voluntad de Dios es que cada uno se *acerque,* con el único propósito de bendecir a su cónyuge, no buscando lo suyo propio sino buscando la del otro, sabiendo que del bien que siembre de ese segará.

Un buen ejemplo sobre lo anterior es el tema del "sexo misericordioso". Nunca hubiera imaginado que una mujer escribiera sobre este tema. Cuántos hombres dirán cuando se enteren de esto: ¡Wau, gloria a Dios; gracias, Denise, por redimirnos!

Estamos en un tiempo donde a los hombres cristianos se les está bombardeando con los idealismos del romanticismo y se les demanda iniciativa, consistencia y sabiduría en su manera de amar a sus esposas. Y esto es correcto, porque lo necesitábamos. Pero ahora viene Denise proponiendo un entendimiento más realista de la vida matrimonial donde las expectativas de perfección no funcionan, porque no ayudan a producir acercamientos de comprensión. Esta comprensión produce la frescura de una relación no estresada, donde se ama mientras crecemos, donde disfrutamos el uno del otro mientras seguimos caminando hacia lo que es perfecto, sin importar que nos tome la vida alcanzarlo. Lo importante es que nos gocemos del proceso de acoplamiento conyugal.

En general, me parece que esta obra es muy completa. En ella reina los elementos más comunes e importantes para que toda mujer se convierta en una mujer sabia; en una mujer idónea para el hombre, quien la ame y la respete dignamente; en una mujer con la capacidad de mantener el balance correcto para todas las etapas de su vida.

Ninguna mujer debería casarse sin antes haber leído este libro, porque éste tiene todos los consejos que una mujer madura, que quiera discipular a una mujer joven, le daría. Toda mujer casada tiene que leer este libro para que haga su lista de cotejo y vaya haciendo los ajustes correspondientes según va preguntado a su marido cómo Èl la evalúa en cada área desarrollada en esta obra.

El varón casado, "el ser más hermético del universo", debería leer este libro porque va a resultar estimulante para fomentar la comunicación con su esposa. El sólo saber que el libro ayudará a tu esposa a entender tu forma de pensar y tus gustos, ayudará a tu esposa a criticarte menos y los preparará a ambos para convertirse en los amantes idóneos que tanto habían anhelado. Será suficiente para que quieras comenzar a leerlo junto a ella y utilizarlo como una plataforma desde donde se lancen a una nueva aventura matrimonial.

Les deseo mucho éxito en su travesía de…*¡puro fuego!*

—REY MATOS
Autor de *La mujer, el sello de la creación*
y de *Señor, que mis hijos te amen*

Prólogo

Cuando vi las palabras *puro fuego*, ante mis ojos destelló un cuadro de los vendedores ambulantes de China, que pueden sentir el momento exacto para arrojar la carne y las verduras dentro de sus sartenes chinos de cuencos profundos (woks) perfectamente preparados. El libro que tiene en sus manos se llama *¡Puro fuego!*, y aunque no trata de cocina china, ofrece los ingredientes necesarios para reavivar su matrimonio.

Si acaso usted piensa que en un matrimonio la chispa sólo se refiere a encender una llama sexual entre marido y mujer, piense de nuevo. Denise Vesey presenta las chispas emocionales que preparan el camino hacia la intimidad sexual. Con franqueza y vulnerabilidad, desenvuelve siete secretos probados por el tiempo que encenderán el centelleo emocional y sexual en su matrimonio:

Deje de querer ser perfecta le enseña cómo avanzar de manera realista aunque usted y su esposo sean *muy* diferentes. Desearía haber aprendido este secreto cuando era una joven novia: ¡me habría ahorrado penas y habría salvado a mi esposo de una esposa que trataba de "rehacerlo" para que fuera como ella!

El lenguaje de los enamorados aplica los cinco lenguajes del amor de una manera concisa y motivadora. Sé que estoy lista para buscar nuevas formas de amar a mi esposo de la manera en que él desea ser amado.

Ría y juegue me colocó en la senda para redescubrir el tiempo de esparcimiento en nuestro matrimonio. No importa cuántos hijos se abracen a sus rodillas, la recreación y la relajación son necesarias en la relación.

Los pequeños lujos de la vida está lleno de consejos prácticos desde cómo encontrar privacidad hasta convertirse en la "esposa de vacaciones" de su esposo. Con cuatro niños, un perro y un esposo que trabaja fuera del hogar, Denise entiende lo que es eso.

Muchas mujeres entran al matrimonio con un bagaje del pasado y, a menudo, el peso de la culpa les impide tener libertad sexual con su pareja. *Liberada para amar* la lleva en un saludable viaje hacia la libertad. No es un viaje filosófico, sino uno práctico en el cual las oraciones y los proyectos le ayudan a quitarse las cadenas de esclavitud y ser libre.

¡Enciéndase! le da libertad para disfrutar el abandonarse a hacer el amor, mientras que *Lealtad para toda la vida* reúne todo. Después de leer este secreto, pensará más profundamente en sus votos matrimoniales y cómo se aplican a usted ahora.

Le recomiendo mucho este libro. Decidir leer *¡Puro fuego!* y realizar los proyectos con su esposo los situará en una aventura intencional para descubrir una mayor intimidad en su matrimonio.

—LINDA DILLOW
Autora de *Creative Counterpart* (Contraparte creativa)
y coautora de *Intimate Issues* (Asuntos íntimos)

Introducción

El pasado febrero, salí de mi casa en Monument, Colorado (a una altura de 7,240 pies), en la semioscuridad de una helada tormenta de nieve para conducir hacia la iglesia Lookout Mountain y presentar mi mensaje "Secretos para tener un matrimonio de puro fuego". Traté como pude de convencer a los coordinadores del MOPS [Mothers of Preschoolers] y las mujeres líderes del ministerio de que podía hablar de una amplia variedad de temas, pero mi charla sobre "¡Puro fuego!" es la que con más frecuencia pedían.

Esa mañana en particular, el trayecto de una hora y media de viaje se tornó en una dura experiencia de tres horas sobre rutas cubiertas de hielo, y la nevada que no dejaba ver bien transformó la autopista en un estacionamiento. Me aferré al volante, con los nervios tensos, y pregunté al Señor: "Dios, en el panorama total de la vida, en vista de la eternidad y el hambre de África, ¿los matrimonios de puro fuego son realmente importantes para *ti*? Suelo luchar con el sentimiento de que mi charla sobre "¡Puro fuego!" es insignificante cuando se compara con los muchos y difíciles temas que las mujeres enfrentan hoy en día.

Cuando llegué a la iglesia con más de una hora de retraso, para mi sorpresa, ¡el estacionamiento estaba repleto! Aún en una mañana con nevadas y temperaturas que rondaban los dieciséis grados Fahrenheit, las mujeres habían abrigado a sus hijos de edad preescolar y desafiado a los elementos para conseguir nueva inspiración para sus matrimonios.

En los meses subsiguientes, Dios respondió mi sincero clamor por la confirmación de que "Secretos para tener un matrimonio de puro fuego" en verdad tenía importancia ante sus ojos. A partir de ese día —y con cada uno de los siguientes compromiso para hablar— el

Señor envió mujer tras mujer hacia mí para compartir las luchas de sus matrimonios. Estas mujeres decían que necesitaban la esperanza y las herramientas para la intimidad que esta charla ofrecía.

El esposo de Caty había tenido relaciones sexuales con ella solamente dos veces en los últimos tres años. Teresa dijo que ella y su esposo seguían siendo buenos amigos y su matrimonio era estable, pero la mayor parte de la pasión y el romance habían desaparecido. Betty se moría de vergüenza, al confiarme que desde hacía un año sentía atracción por otro hombre. Carla, quien había estado casada anteriormente, deseaba con desesperación que su segundo matrimonio funcionara, pero confesó que a menudo se sentía confundida y tenía sentimientos encontrados hacia su nuevo esposo. Andrea experimentó el horror del abuso sexual cuando era niña, y ya no le importaba tener relaciones sexuales con su esposo, aunque él era un hombre tierno, agradable y piadoso. Y Sandra, quebrantada, luchaba con sus propias fuerzas por mantener unido su matrimonio, y no se percataba de que el Salvador del mundo estaba a su lado, listo y dispuesto a ayudarla, con sólo buscarlo.

¿Se da cuenta usted de qué poderoso y silencioso testigo puede ser un matrimonio fuerte, enamorado y fiel? Probablemente hasta el empleado de su tienda local de comestibles se sorprendería al enterarse de que en tiempos como éstos, usted y su cónyuge superaron todos los desacuerdos, y permanecieron no sólo casados, sino también profundamente enamorados.

Acompáñeme en esta gran aventura, ¿quiere? Trate de ser decidida, y avive las llamas de la intimidad y la pasión en su matrimonio. Atrévase a colocar la relación con su esposo en el primer lugar, apenas después de su compromiso con Dios. Prepárese para asombrarse con el calor y el romance que dará como resultado. Aprenda nuevas y excitantes maneras de elevar la temperatura de su hogar, y recuerde algunas de las confiables verdades que pudo haber oído antes. Y en medio de todo esto, sepa que estoy orando por usted y su esposo mientras se esfuerzan para honrar a Dios, transformarse en una radiante luz en un mundo oscuro y darle a conocer su amor recíproco.

Deje de querer ser perfecta

Si quieres sembrar, no te quedes mirando al viento;
Si quieres cosechar, no te quedes mirando al cielo.

Eclesiastés 11:4 (Biblia en Lenguaje Actual)

Mi matrimonio se siente perfecto hoy. Temprano esta mañana, mi esposo cargó las motos acuáticas y nos dirigimos a un lago cercano con los dos últimos adolescentes de nuestra casa, y Tim, el novio de nuestra hija. El cielo es de un sorprendente azul acuarela (mi papá dice que ¡ni siquiera se imaginan ese color de cielo en California!) Unas tenues nubes blancas, que probablemente esta tarde se transformarán en una tormenta eléctrica, cuelgan sobre nosotros. El agua está fresca, pero sobre todo, esto es el Día de los caídos en Colorado a cuatro mil pies de altura, así que no nos quejamos.

Ni siquiera el pequeño altercado que mi esposo, Stu, y yo tuvimos sobre una polvorienta calle hacia la caleta —que *yo sé* que no existe, pero él insistía en que estaba allí (y no estaba)— puede estropear la profunda sensación de paz y satisfacción que siento hoy. En días como éste, nuestro matrimonio se siente perfecto. ¿Hemos experimentado verdaderamente los problemas y discrepancias que enfrentamos a lo largo de los años o sólo los imaginé? ¿De veras existió esa desagradable discusión que tuvimos justo antes de mi último viaje a California o sólo fue una pesadilla por exceso de lasagna en la cena?

Todas las riñas, los desacuerdos, las palabras hirientes y los dolorosos silencios hoy parecen un vago recuerdo, un espejismo borroso flotando en el fondo de mi mente.

Webster define el término perfección como "libre de falta o defecto", "una ejemplificación de la excelencia suprema", y "la calidad o estado de santo".[1] Ni Stu ni yo, ni tampoco nuestro matrimonio, se ajusta en realidad a esas definiciones. Pero siempre que doy mi charla sobre "Puro fuego" y pregunto: "¿Alguien en esta sala tiene un matrimonio perfecto?", al menos una mujer levanta la mano. Entonces, la invito a hacerse cargo de la reunión, ¡porque probablemente sería de mucha más ayuda que yo para la audiencia! Entienda, Dios tenía tanto para enseñarme precisamente porque mi matrimonio *no es* perfecto.

De ardiente a apagado

Stu y yo llevamos casados más de veinticuatro años. Nos conocimos en la universidad más o menos un mes antes de que me convirtiera al Señor. Salimos durante tres meses, rompimos por seis meses, luego nos comprometimos, y nos casamos seis meses más tarde. Podría decirse que no tuvimos un noviazgo muy estable o prolongado. Trabajamos juntos en un ministerio de la escuela secundaria durante los meses en que no salíamos, así que en mi opinión nos conocíamos lo suficiente para casarnos. El pastor con quien tuvimos la consejería prematrimonial pareció estar de acuerdo.

Justo un año después de la boda, quedé embarazada de nuestro primer hijo, Luke. Tres hijos más siguieron en rápida sucesión, con el resultado final de cuatro hijos en cinco años y tres de ellos, ¡en menos de tres años! Cada uno de esos preciosos cascabeles fue querido y amado, pero me sentía como una zombi en esos años.

Mi esposo trataba de ser útil en la casa, pero a menudo trabajaba de doce a dieciséis horas por día para proveer las necesidades básicas de nuestra creciente familia. Vivíamos en el área de la Bahía de California en ese tiempo, la cual era, y todavía es, una de las zonas más costosas del país para vivir. Muchas noches, sólo regresaba a casa para cenar y volvía a su oficina.

Lamentablemente, en los cinco años en que tuve los bebés, nuestras respectivas madres y abuelas murieron. No tengo hermanas, así que la responsabilidad de cuidar a los chicos cayó completamente sobre mis hombros. Fue un tiempo devastador, emocional y físicamente.

En medio de este tiempo difícil, decidimos irnos por dos noches a un pequeño hotel donde ofrecían alojamiento y desayuno en la hermosa área norte de California. Soñaba despierta con el aire vigorizante de la montaña, altísimos pinos verdes del bosque, la maravillosa ausencia del cocinar y lavar platos, y el silencio del no despertarse en mitad de la noche por un niñito. *Sabía* que iba a ser perfecto.

Sin embargo, camino a nuestra salida de ensueño, tuvimos una verdadera discusión; una "explosión nuclear" como solemos llamarlas. Si no hubiéramos estado bajando por la autopista a setenta millas por hora, ¡estoy segura de que habría saltado fuera!

¿Sabe? Mi esposo y yo somos personas muy expresivas. Cuando estamos enamorados, somos bastante apasionados y románticos. Y cuando estamos enojados, bueno, no es un espectáculo muy agradable. De hecho, para nuestro disgusto, si discutíamos en la cena, Luke solía poner sus manitos en forma de "T" y decía: "¡Tiempo! ¡Un momento!". Así de inoportunos podíamos ser.

Continuamos hacia nuestro destino en silencio. En vez de comentar la maravillosa creación de Dios que nos rodeaba, mirábamos adelante fijamente, y sólo hablábamos cuando era necesario. Al llegar al hotel, fingimos las sonrisas, tratamos de parecer felices para nuestra anfitriona *cristiana* que desbordaba entusiasmo, lo cual sólo empeoró las cosas.

El resto del fin de semana se convirtió en una miserable serie de desaciertos. Stu y yo hacíamos las paces y tratábamos de seguir, pero enseguida surgía otro problema. No pude deleitarme en el hecho de que Stu gentilmente me trajo el café a la cama ambas mañanas, o que me permitió leer mis revistas favoritas y dormir la siesta para mi satisfacción. Había acumulado tan tremendas expectativas sobre nuestro fin de semana juntos —y respecto a mi esposo— que no era posible satisfacerlas.

Cuando nuestro viaje terminó, en vez de sentirme descansada y renovada, deseaba no haberlo hecho nunca. En mi mente, puesto que habíamos experimentado conflictos desde el comienzo, el viaje entero había sido una pérdida de tiempo y dinero. En vez de enfocarme en la diversión que tuvimos al subir a una enorme y antigua rueda hidráulica o apreciar la reproducción de jarra y palangana que Stu me compró, todo lo que podía recordar era las palabras ásperas y las discusiones.

Secreto 1

Mirando atrás, me doy cuenta de que nuestro sueño de ir al sur por un fin de semana fue un momento decisivo para mí. Mientras pasaba tiempo en oración después del viaje, Dios me mostró cómo a menudo yo tiraba las nueces junto con las cáscaras. Si Stu y yo no nos llevábamos a la perfección, desechaba cualquier experiencia que hubiéramos compartido. Ha oído la expresión: "¿Ve el vaso medio vacío o medio lleno?" Bueno, con mi temperamento y personalidad, el vaso no estaba medio vacío, ¡sino que ni siquiera tenía agua dentro! Si usted se parece a mí y encuentra que necesita todas las estrellas para alinearse emocionalmente antes de poder disfrutar de su esposo, debe conocer y aplicar este primer secreto para hacer puro fuego su matrimonio: deje de querer ser perfecta.

Edith Schaeffer, en *Celebration of Marriage* (Celebración del matrimonio), lo describió de esta manera: "Se tomó la decisión de detenerse, tratar de reconocer el valor total de lo que estaba ocurriendo, y decidir deliberadamente que lo roto, rasgado, derramado, aplastado, quemado, rayado, destrozado y arruinado no era tan importante como la persona, el momento histórico o el recuerdo…"[2].

En este pasaje, la señora Schaeffer se refería a su único vestido nuevo, que se arruinó con una mancha de ketchup en el primer lugar donde ella y su esposo comieron en su luna de miel. Pero yo misma me encuentro a mí misma aplicando este principio: tomar la decisión de *no* enfocarme en la decepción temporal del momento, sino más bien en mi relación con mi esposo y lo que he anhelado que ésta sea.

La gran decepción

Hace varios años, una de mis amigas le dijo a su esposo que necesitaba un sábado libre para recargar su "batería de mamá". Laura estaba justo en mitad del síndrome "múltiples niños menores de seis", y necesitaba desesperadamente un descanso. Después de un maravilloso día de compras, adquirir una nueva blusa y compartir un hermoso almuerzo con su hermana, Laura finalmente se sintió lista para reasumir las responsabilidades de esa mujer maravilla de guardia veinticuatro horas al día llamada mamá.

Laura condujo a casa con visiones de una casa limpia y que su esposo jugaba afuera con los niños. Estaba segura de que habían pasado la mañana en el parque o al menos en las hamacas del patio, disfrutando el hecho de que Papá podía empujarlos más alto que Mamá. Quizás habían almorzado en el McDonald's más cercano, lo que sería un verdadero festín. Laura estaba cada vez más contenta mientras se acercaba a su casa, anticipando el entusiasmo que la esperaba cuando los niños gritaran para contarle todo sobre su día con Papá.

Cuando entró por la puerta del frente, se rompió el encanto. Eran las tres en punto de la tarde, y los tres niños todavía estaban en pijama. Un partido de fútbol resonaba a todo volumen en la televisión, y había crayones desparramados por la alfombra. La reconfortante reunión que había imaginado se transformó en cuestión de segundos en una fría confrontación con su esposo.

"¡Muchas gracias!", espetó Laura, con las manos en las caderas. "Salgo por un momento del día, y no se hace nada aquí. Ni siquiera has vestido a los niños…y …y …¿¡Me dices que estás tratando de tener calidad de tiempo en las pausas de un partido de fútbol!?".

El esposo de Laura la miraba en estado de shock, inseguro sobre cómo responder a esta extraña que farfullaba con indignación. Irrumpió furiosa en su habitación para su propio tiempo de descanso. *¿Por* *qué estoy actuando así?*, pensó. *¿Por qué me disgusto tanto con Mark? Nunca me dijo lo que iba a hacer con los niños hoy. Sólo debería haberle agradecido por ser tan amable y decirme que me fuera y lo pasara bien. Él también trabaja mucho, y no le molesta que me haya tomado el día para mí sola.*

Luego, Laura recordó el artículo que había leído esa semana sobre cómo ser un padre cristiano. Mencionaba específicamente que jugar con los niños cuando se detiene el reloj durante un partido de fútbol televisado no se cuenta como tiempo de calidad. Si bien el autor tenía un buen argumento, para Laura y su esposo ese día, en ese momento, no era útil.

Con cuánta frecuencia saboteamos un fin de semana especial juntos, una cena fuera o hasta una noche agradable en casa —exactamente como lo hizo Laura— por un disgusto con nuestro esposo. Examinamos mentalmente la lista de todo lo que ha hecho mal o las promesas que no ha cumplido. No cambió el aceite de mi auto. Se olvidó de pasar a buscar a Stephanie de su práctica de voleibol. Cuando yo quería hablar sobre el último tema del trabajo, la iglesia o el ministerio de mujeres, él estaba demasiado absorto en el último juego del partido (*¿terminan alguna vez?*), sólo asintió con la cabeza y dijo: "Qué bien, cariño".

Cuando nos permitimos pensar de esta manera —comparando a nuestro esposo con los hombres ideales descritos en muchos libros y revistas bienintencionados— nuestra gente sencillamente no está a la altura de las circunstancias. Y como no son los esposos ideales, imaginamos que no es necesario que seamos esposas ideales.

Barreras de dormitorio

El énfasis en la perfección y el exagerar la insatisfacción de nuestro matrimonio se puede transferir a la relación física con nuestro esposo.

De niña, no tuve un matrimonio cristiano que fuera un modelo para mí. Después de que me casé, leía cada libro que llegaba a mis manos que enseñara cómo ser una buena esposa cristiana, y lo que debería ser un matrimonio cristiano. De esos autores, aprendí que es importante resolver los problemas mayores y menores antes de que el esposo y la esposa disfruten físicamente uno del otro.

Bueno, ¿adivine qué? Yo era muy perfeccionista, y constantemente dejaba de lado la relación sexual, porque sentía que necesitaba hablar y solucionar todos los problemas. Uno de los aspectos de dejar de querer ser perfecta en su matrimonio es darse cuenta de que las cosas no tienen que ser perfectas entre usted y su esposo antes de que se unan sexualmente. En realidad, muchas veces, si usted puede dejar de lado un asunto y simplemente celebrar el aspecto físico de su relación, eso hace posible una buena comunicación, especialmente para él.

Génesis 2:24 dice: "Por tanto, dejará el hombre a su padre y a su madre, y se unirá a su mujer, y serán una sola carne" (RV60). El intercambio emocional y espiritual que tiene lugar entre un hombre y una mujer cuando se unen físicamente en el acto del matrimonio es un misterio tan profundo que el apóstol Pablo, en Efesios 5:32, lo comparó con la relación entre Cristo y la iglesia.

Ser uno físicamente con su esposo los une a ambos de una manera tal como ninguna otra cosa podría hacerlo. Involucrarse sexualmente fuera del matrimonio trae quebrantamiento y dolor. Hiere nuestros corazones frágiles. Pero el propósito de Dios para el acto sexual dentro del vínculo del matrimonio fue que brindara verdadera sanidad a los corazones heridos, así como Jesucristo trajo sanidad a nuestra vida. La estrecha relación emocional que tiene lugar después

> Muchas veces, si usted puede dejar de lado un asunto y simplemente celebrar el aspecto físico de su relación, eso hace posible una buena comunicación, especialmente para él.

de la unión sexual, suele crear una atmósfera segura e íntima para tratar los problemas.

Por favor, comprenda que no estoy recomendando la negación o el esconder continuamente las emociones dolorosas. Todo matrimonio tiene sus épocas de dificultades en las cuales las diferencias deben ser discutidas. Lo que estoy sugiriendo es que de vez en cuando deje en suspenso ese problema persistente, esa pena familiar, esa reciente irritación, y sencillamente disfrute de su esposo. Muchas veces he encontrado que después de hacer el amor, el problema que me parecía tan mayúsculo e importante ya no existía. Se había evaporado al calor del tiempo que pasamos amándonos.

Aunque enfrente un tema complejo o peliagudo que no se desvanecerá, puede hallar que su esposo está más abierto a la discusión y al compromiso después de hacer el amor. Esto es especialmente cierto si usted no ha usado su sexualidad como una ficha de trueque, un favor a conceder o retener a su capricho, dependiendo de si en el momento él está en buena relación con usted.

Como mujeres, tenemos tendencia a hacer eso, ¿no? Si no estamos contentas con la manera en que nuestro esposo nos trata, o si no nos gusta su última decisión, podemos retener lo único que nos acercará y unirá nuestros corazones.

Si la perfección es algo con lo que usted lucha, deseo animarla. No permita que la insatisfacción y la expectativa no satisfecha de su relación les impidan unirse sexualmente. Esa conducta sólo abrirá una brecha entre ustedes, y los hará vulnerables al enemigo y sus ataques al matrimonio. Nada agrada más a Satanás que derribar y destruir a los matrimonios, especialmente aquellos comprometidos con Cristo.

Eclesiastés 11:4 nos recuerda: "Si quieres sembrar, no te quedes mirando al viento; si quieres cosechar, no te quedes mirando al cielo" (BLA). Ésa es una verdad que podríamos aplicar a muchas áreas de nuestra vida, pero es especialmente apropiada si deseamos elevar la temperatura de nuestros matrimonios ¡de tibios a puro fuego!

Varios años después de que comencé a enseñar sobre cómo dejar de querer ser perfecta incrementa el romance y la pasión en el matrimonio, encontré un artículo de una revista titulado "Las mujeres que los hombres aman". Como siempre estoy en busca de información relacionada con mis charlas, ansiosamente leí por completo la lista de ocho descripciones. El punto seis afirmaba: "Las mujeres que los hombres aman no deben tener la atmósfera romántica perfecta, las condiciones perfectas, ni siquiera el momento perfecto de la relación para disfrutar la relación sexual con su pareja.".[3] ¡Guau! ¡Sentí que dio en el blanco!

Matrimonio de alto mantenimiento

Disminuir sus expectativas y dejar de querer ser perfecta puede ser particularmente difícil si usted tiene lo que yo llamo un matrimonio de alto mantenimiento. Estas relaciones requieren de un gran monto de esfuerzo, concentración y atención. ¿Cómo sabe usted si está tal matrimonio? Responda las siguientes preguntas: ¿A menudo se encuentra emocionalmente exhausta y sin vigor? ¿Tiene una deprimente sensación de desesperanza de que su matrimonio nunca va a mejorar? ¿Cree que por mucho que trate, haga lo que haga, nunca es suficiente o nunca es lo suficientemente buena para su cónyuge? ¿Experimenta momentos optimistas de esperanza y gozo seguidos de profundos valles de dolor y desesperación? Si usted contestó sí a varias de estas preguntas, usted está en un matrimonio de alto mantenimiento.

Varios factores contribuyen a estos matrimonios especiales. Algunos pueden ser situacionales, tales como los temas relacionados con el trabajo, arreglo del hogar, la cantidad y edad de los hijos, y especialmente las finanzas. La personalidad y el temperamento también pueden tener parte en los matrimonios de alto mantenimiento. Si usted o su cónyuge tienen un temperamento flemático, probablemente no se encontrará en este tipo de matrimonio, porque los flemáticos tienden a ser amantes de la paz y de trato fácil. Estos cómodos compañeros prefieren adherirse a los deseos de otro antes de entrar en una confrontación sobre muchos de los temas que surgen en un matrimonio. Para ellos, no vale la pena.[4] Finalmente, otro importante elemento de los matrimonios de alto mantenimiento puede provenir de la niñez de un cónyuge y el trasfondo familiar. Las actitudes y conductas aprendidas, particularmente las inapropiadas, y cualquier abuso que haya padecido se añaden al carácter de la persona.

Cada uno de estos elementos —circunstancias, temperamento y crianza— pueden determinar si su matrimonio es de alto o bajo mantenimiento. Si usted o su cónyuge proceden de una familia con dificultades, no puedo enfatizar lo suficiente el valor que la consejería cristiana o los grupos de apoyo pueden brindar para traer salud y sanidad tanto a usted como a su matrimonio. Proverbios 24:6 promete: "...en la multitud de consejeros está la victoria" (RV60). Mi oración es que usted experimente la victoria que el Señor desea para su matrimonio, especialmente si es uno de alto mantenimiento.

Recientemente, hablé con una mujer que tenía un matrimonio así. No nos conocíamos muy bien, pero fue una de esas conversaciones que van de cero a sesenta en un tiempo récord. En realidad, su esposo estaba sentado a su lado cuando ella compartía conmigo: "Los primeros diez años que estuvimos casados, no me gustó estar casada, ¡especialmente con él!".

Me pareció humillante para su esposo, pero él sólo sonrió. Obviamente, lo había oído antes. Bien, esta pareja cristiana había estado varios años de novios antes de casarse. Pero la realidad del matrimonio era un poquito más de lo que la esposa podía manejar en ese momento.

Mientras hablábamos, le pregunté: "¿Qué los mantuvo juntos esos primeros diez años?".

Ella respondió: "Nuestra vida sexual. ¡Era estupenda!".

Le dije que eso fue un evidente favor de Dios. Cuando tienen intimidad física, se vuelven vulnerables, lo cual ayuda a bajar las barreras emocionales.

El primer paso

Como esposas, ¿cómo podemos empezar a bajar nuestras expectativas respecto a nuestros esposos y liberarlos de la necesidad de actuar perfectamente para ganar nuestro amor? El primer y más esencial paso para convertirnos en la esposa amorosa y agradable que al esposo le encanta, es orar. ¿Ha observado que puede hablar con su esposo una y otra vez sobre el mismo tema? Usted puede llorar, explicar, rezongar o hasta rogar, pero las cosas siguen igual, aunque tenga el deseo de cambiar. Sin embargo, si ese mismo monto de energía se invirtiera en la oración, podría producir tremendos resultados y un cambio duradero. Stormie Omartian escribió *El poder de la esposa que ora*: "Dejo todas mis expectativas en tu cruz. Libero a mi esposo de la carga de satisfacerme en áreas en que yo debería buscarte a ti... Solamente tú, Señor, eres perfecto y busco que tú nos perfecciones."[5]

Permitan que el Señor las guíe para saber cómo orar por él, y dejen que sea Dios quien produzca los cambios necesarios en su matrimonio.

Señoras, ¡dejen ir a su esposo! Permitan que el Señor las guíe para saber cómo orar por él, y dejen que sea Dios quien produzca los cambios necesarios en su matrimonio.

Adaptarse agradablemente

Un segundo paso importante para disminuir las expectativas respecto a su esposo es aprender a *someterse* a él como al líder que Dios eligió en su hogar. Siempre me ha gustado la manera en que J. B. Phillips tradujo Efesios 5:22-23 en el *New Testament in Modern English* (Nuevo Testamento en inglés moderno): "Esposas, deben aprender a adaptarse a sus esposos, así como se someten al Señor, pues el esposo es la cabeza de la esposa de la misma manera que Cristo es la cabeza de la Iglesia y salvador de su Cuerpo" (traducción directa del inglés).

La palabra *adaptarse* presenta un interesante cuadro de lo que puede ser la relación con nuestro esposo. Significa "hacerse apropiado o adecuado cambiando o ajustándose uno mismo, *especialmente* (énfasis mío) para las circunstancias nuevas o cambiantes."[6] También implica flexibilidad.

Mi buena amiga Tina vivió este principio maravillosamente delante de mis ojos. Ella y yo nos conocíamos desde la infancia. Su familia pertenecía a una denominación legalista, y su educación fue muy estricta. Cuando se casó con John, quien recién se había entregado al Señor, estaba segura de que volarían chispas porque John creía que no había nada malo en tomar alcohol. Además, como nuevo cristiano, no conocía el principio del diezmo. A muchas otras prácticas que eran como un acto reflejo para Tina, John ni siquiera las había oído nombrar.

Muy pronto después de la boda, Tina nos invitó a Stu y a mí a cenar a su casa. Prepararon perfectamente el comedor, reluciente con la porcelana fina, un mantel de encaje, combinando con las servilletas de lino, y hasta los cubiertos de plata de Tina y las copas de cristal para el vino. Cuando John trajo una botella de vino tinto, la destapó, y le sirvió media copa a Tina, casi me caigo de la silla. Ella actuaba como si no pasara nada fuera de lo común, y levantó su copa para hacer un brindis por nuestra primera cena juntos en su hogar.

Más tarde, llevé a Tina aparte y le pregunté despacio: "¿Cuándo empezaste a beber vino? ¿Qué dirán tus padres?".

"Denise, John y yo hemos hablado mucho de esto, y me di cuenta de que no quiero que una pequeña copa de vino sea un tropiezo para mi matrimonio. Ya les dije a mis padres que John de vez en cuando toma vino en la cena, pero por respeto a ellos, no lo hará cuando vengan a visitarnos o se queden con nosotros."

Tina aplicó el mismo principio al tema del diezmo. Como abogado, John tenía una buena entrada económica. Cuando se casaron,

Tina creía que debían dar el diez por ciento de su salario a su iglesia local. Nuevamente, Tina conversó tranquilamente con John sobre lo que significa diezmar, y él accedió a pensarlo. Ella dejó el tema y oró pacientemente que Dios comenzara a obrar en el corazón de John respecto a honrar al Señor con las finanzas.

Unas semanas después, John dijo: "He estado pensando sobre nuestra charla, y examiné los versículos que mencionaste sobre el diezmo. Siento que Dios me está pidiendo que dé el diez por ciento del ingreso a nuestra iglesia". Tina estaba muy entusiasmada de que Dios respondiera sus oraciones tan rápido, pero estoy convencida de que gran parte de esta pronta respuesta era la disposición de Tina a dejar sus expectativas y permitir que sea Dios quien cambie el corazón de John. Tina no se negaba a amar o apoyar a John. En cambio, después de compartirle su punto de vista, llevaba sus asuntos al Señor en oración, y continuaba conduciéndose con calidez y aceptación hacia su esposo.

Esta es una de las cosas más difíciles de hacer, ¿no? Compartir nuestras perspectivas con nuestro esposo y luego entregarlos (¡tanto a las perspectivas como al esposo!) al Señor. Incluso mientras escribo esto, estoy convencida sobre las diferentes áreas de mi propio matrimonio en las que he aplicado presión —a veces sutilmente y otras no tan sutilmente— para lograr que Stu cambie su conducta y actúe como yo creo que debería. El libro de Proverbios se refiere a esto como una "gotera constante" (19:13). En otras palabras, una forma de ¡lenta tortura! Y lo único que logra hacer una gotera continua en el hogar es volver locos a todos.

Esta es una de las cosas más difíciles de hacer, ¿no? Compartir nuestras perspectivas con nuestro esposo y luego entregarlos (¡tanto a las perspectivas como al esposo!) al Señor.

El factor perdón

Veamos un final alternativo para la historia de Tina y John. ¿Qué si, después de las discusiones y el amor incondicional de Tina, John se hubiera rehusado a diezmar? O, ¿qué si él actuara de otra manera en detrimento de su flamante matrimonio? ¿Qué podría haber hecho Tina entonces?

Quizás usted está más familiarizada con las promesas rotas, necesidades insatisfechas y desilusiones diarias que con las oraciones respondidas y los sueños hechos realidad. Si es así, el tercer paso, y muy necesario, que debe dar para liberar a su esposo de sus expectativas es el *perdón*.

El perdón es el aceite que mantiene funcionando suavemente los mecanismos internos de un matrimonio. El enojo se derrite ante el perdón, y el perdón quita la amargura de nuestra alma.

Efesios 4:32 nos exhorta a "ser benignos unos con otros, misericordiosos, perdonándoos unos a otros, como Dios también os perdonó a vosotros en Cristo". Y todavía más serio, Marcos 11:25 nos advierte: "Y cuando estéis orando, perdonad, si tenéis algo contra alguno, para que también vuestro Padre que está en los cielos os perdone a vosotros vuestras ofensas" (RV60).

En otras palabras, cuando nos negamos a perdonar, Dios no nos perdona. Esa es una verdad que hace pensar. Una de las maneras en que Dios nos muestra su bondad y compasión es por medio de su perdón misericordioso, y nos pide que hagamos lo mismo con nuestro esposo.

El perdón es el aceite que mantiene funcionando suavemente los mecanismos internos de un matrimonio. El enojo se derrite ante el perdón, y el perdón quita la amargura de nuestra alma. Pero cuando nos negamos a perdonar, las pequeñas irritaciones se salen de proporción, y las ofensas más leves se transforman en graves heridas. Donde falta el perdón, los ladrillos de la ofensa forman un fundamento para las paredes del enojo y la indiferencia. Cuanto más altas y gruesas sean estas paredes, más difícil será abrir una brecha en ellas.

Quizás el aspecto más difícil del perdón es pasar esta línea de pensamiento: *Si perdono a mi esposo por* _____, *estoy dejándolo salir del atolladero! No se va a dar cuenta de que lo que hizo estaba mal y que necesita cambiar.* Cuando usted perdona a su esposo, no está diciendo que lo que hizo está bien o que condena su mala conducta: simplemente está obedeciendo la Palabra de Dios y haciendo lo que complace al Señor.

La próxima vez que su esposo la ofenda, intente esto: Primero, vaya a Dios y pídale en voz alta que la ayude a perdonar a su esposo por lo que haya hecho que la hirió. Luego, encuentre un momento para hablar sobre el tema, preferentemente cuando los niños estén durmiendo y los más grandes estén haciendo su tarea. Esto no es una conversación para la mesa de la cena.

Lo siguiente, sin acusar ni gritar, dígale lo que la defraudó, enojó o hirió. En el mejor de los casos, él entenderá lo que usted dice, y sinceramente le pedirá perdón. Sin embargo, esta es una de esas situaciones del matrimonio en las que usted tendría que disminuir sus expectativas. Si su esposo la escucha, pero no está de acuerdo con lo que usted dice, o está de acuerdo, pero no lo lamenta, será útil para usted pedirle cortésmente que repita lo que piensa que usted dijo. Esta técnica comunicativa asegura que se haya expresado claramente y que él comprenda la idea.

Si después de decir y hacer todo ustedes todavía no pueden lograr un acuerdo o resolver la cuestión, reafirme con tranquilidad su amor a su esposo, y dele un tiempo para procesar lo que le ha compartido. Los hombres no asimilan los problemas tan pronto como las mujeres. Aunque mi esposo y yo hemos estado casados por años, hace algunos meses me recordó: "Desearía que no te disgustes conmigo cuando no veo una cuestión desde tu punto de vista apenas me lo compartes. Necesito tiempo para procesar lo que dices, especialmente si estás diciéndome que te herí".

¡Él tiene razón!

> Vivir en el perdón libera su corazón para recibir la obra de Dios a favor suyo.

¿Qué sucede si no puede perdonar a su esposo? Una vez cuando Stu y yo habíamos sido heridos profundamente por otros con respecto a una situación de su trabajo, le dije al Señor: "Dios, no puedo perdonar a estos hombres. Es imposible. Sé que tú quieres que lo haga, y desearía poder hacerlo, Jesús, pero no puedo". En ese momento, el Señor me dio una respuesta poderosa, pero simple: "Perdónalos por amor a mí. Haz esto por mí. No lo hagas por ellos, sino por mí, porque estoy pidiéndotelo".

El Señor entonces me mostró una oración que he usado muchas veces cuando parecía imposible perdonar a Stu o a otros:

> Querido Jesús,
> Yo perdono a _____ por amor de tu nombre. Hago esto por ti, Señor, porque tú me perdonas y porque tú me lo pides. Quiero agradarte a ti. Oro que honres mi deseo de ser obediente y traigas la restauración que tú deseas entre nosotros. Amén.

Vivir en el perdón libera su corazón para recibir la obra de Dios a favor suyo. He oído una y otra vez historias de esposas cuyos deseos más profundos fueron satisfechos después de perdonar a sus esposos.

Perfecta alabanza

El cuarto y último paso para liberar a su esposo de sus expectativas y dejar de querer ser perfecta en su matrimonio es la *alabanza*. Deseo que lo felicite y le muestre su aprecio por quien él es y por lo que hace. Después de todo, ¡ésas son las razones por las que usted se enamoró de él en su momento! Pero lo que es más importante, tome tiempo todos los días, especialmente si está luchando por amar y aceptar a su esposo, para dar gracias y alabar a Dios por su esposo y su matrimonio.

> Tome tiempo todos los días, especialmente si está luchando por amar y aceptar a su esposo, para dar gracias y alabar a Dios por su esposo y su matrimonio.

Una mujer de nuestro estudio bíblico semanal logró una baja sin precedentes en su matrimonio de alto mantenimiento. Mary y su esposo habían buscado consejería porque ambos se daban cuenta de cuánto se habían deteriorado su matrimonio y su mutuo amor. Ella había tratado de ser sumisa y adaptable en muchas áreas, pero su esposo era emocionalmente inestable por un trauma que había sufrido en la niñez. Esta querida esposa había perdonado a su esposo muchas veces más de las que podía contar, y sintió que había ido mucho más lejos que las "setenta veces siete" de las que Jesús habló en los evangelios. Pero su esposo seguía hablando constantemente de dejarlos a ella y a sus hijos.

Habían planeado una salida nocturna más como "la última oportunidad" para su matrimonio. Su esposo le dijo que si las cosas no mejoraban entre ellos, ese fin de semana se iba a mudar. Cerca de dos semanas antes de su salida, varios integrantes de nuestro grupo de estudio bíblico comenzaron a discutir de qué manera el agradecer y alabar a Dios por las dificultades específicas que él permitía fueron decisivos en esas situaciones. Su convicción se basaba en 1 Tesalonicenses 5:16-18: "Estén siempre alegres, oren sin cesar, *den gracias a Dios en toda situación*, porque esta es su voluntad para ustedes en Cristo Jesús". A la mañana siguiente, cuando Mary oraba desesperadamente por su matrimonio y familia, el Señor la animó: "Mary, nunca me has alabado en medio de estas dificultades. Nunca me has agradecido por estos problemas. ¿Piensas que todo lo que está pasando con Richard ha escapado a mi conocimiento? Deseo tu alabanza".

Primero, Mary le sacó el polvo a algunos CDs que no había escuchado desde hacía varios meses. Cantó junto con los coros, alabando y adorando a Dios mientras seguía con sus tareas del hogar. Después de un par de días de hacer esto, Mary comenzó a agradecer a Dios específicamente por todo lo que podía pensar con respecto a su esposo. Sus oraciones eran algo así: "Señor, gracias, porque amaba mucho a Richard cuando nos casamos. Gracias, porque no había nadie más para ninguno de nosotros, que sólo queríamos casarnos. Gracias que Richard ha sido cristiano desde niño. Gracias que, aun en medio de nuestras peores luchas, él ha sido fiel en llevarnos a los niños y a mí a la iglesia cada semana, hasta cuando no queríamos ir". Las oraciones de gratitud de Mary fluían cada vez más. Cada día, después de alabar al Señor con la música cristiana, encontraba nuevas cosas para agradecerle con respecto a Richard.

Justo dos días antes de que Mary y Richard se fueran a su fin de semana, Mary tuvo un tremendo cambio de corazón. Estaba agradeciendo una vez más al Señor por los aspectos positivos de su relación, cuando Dios le dijo: "Mary, ¿qué sucedería si te dijera que el ministerio número uno en tu vida —más importante para mí que cualquier otra tarea que haces en la iglesia o por los demás— es que ayudes a que tu esposo esté sano y bien?".

Mary confesó a nuestro grupo que si Dios le hubiera dicho eso antes de su tiempo de alabanza y agradecimiento, probablemente ella no habría aceptado sus palabras. Pero como había dispuesto su voluntad para alabarle por su esposo y su matrimonio, y debido a que Dios la satisfizo no sólo espiritual, sino emocionalmente, Mary dijo sí a esa petición del Señor.

Richard respondió al cambio del corazón de Mary con lágrimas en los ojos. Admitió que él era la mayor causa de sus problemas, y se comprometió a trabajar en su carácter. Richard le dijo que sentía que Dios resucitó su matrimonio ese fin de semana. Todo esto sucedió hace más de dos años. Siguen juntos, y se llevan mejor que nunca. Él nunca se mudó.

"Un buen matrimonio no es uno donde reina la perfección; es una relación donde un enfoque saludable disculpa una multitud de aspectos 'sin solución'."[7]

El lenguaje de los enamorados

...y cada uno les oía hablar en su propia lengua.
Hechos 2:6 RV60

¿Ha viajado a un país extranjero sin saber el idioma? El verano pasado tuve el privilegio de viajar a Italia por primera vez. Unos estudiantes de nuestra iglesia enseñaban inglés gratuitamente en campamentos, y yo tuve la fortuna de ser una de las acompañantes adultas. Aunque la mayoría de los italianos con los que tuvimos contacto sabían un poco de inglés, la comunicación seguía siendo difícil. Al fin de cada día, nuestra cabeza daba vueltas por el esfuerzo que significaba iniciar y mantener conversaciones. En realidad, una mala comunicación por la barrera del lenguaje dejó varado a un grupo nuestro junto a un lago ¡hasta las diez de la noche!

Sin embargo, dos estudiantes de nuestra iglesia no luchaban como el resto de nosotros. Mike estudió italiano por más de dos meses antes de viajar, y Sarah habló el italiano con natural fluidez una vez que llegamos. Estos adolescentes resultaron invalorables en nuestro viaje. Sarah y Mike hacían que todos los italianos con quienes nos reuníamos se sintieran especiales e importantes, porque estos dos estadounidenses estuvieron lo suficientemente dispuestos a aprender el idioma.

En cada clase que enseñamos, preguntábamos a los asistentes *por qué* estaban interesados en aprender inglés. Dieron diversas respuestas. "El inglés es el lenguaje de los negocios"; "el inglés es el lenguaje del dinero"; "el inglés es el lenguaje del mundo". Si el inglés es el lenguaje del mundo, entonces el amor es *el* lenguaje del matrimonio y las relaciones íntimas. Y así como el inglés se habla diferente en distintas regiones de Estados Unidos, el amor se habla y se comprende de diversas maneras. Además, *no* conocer este método de comunicación puede hacer que la relación amorosa con su cónyuge sea tan frustrante como tratar de satisfacer sus necesidades en otro país donde usted ni comprende ni habla el idioma del otro.

Secreto 2

Stu y yo escuchamos por primera vez acerca de los "cinco lenguajes del amor"[1] en una clase de escuela dominical hace más de quince años. Norm Evans, ex integrante de los Delfines de Miami, y su esposa, Bobbi, enseñaron los principios que constituyeron un momento decisivo en nuestro matrimonio. Desde entonces, el autor Gary Chapman ha escrito una serie de libros que describe profundamente los cinco lenguajes del amor y cómo aplicarlos a nuestras relaciones más íntimas. Me gusta incluir una discusión de los lenguajes del amor en todas mis charlas de "Puro fuego", porque en cada grupo hay mujeres que nunca oyeron sobre ellos.

Si usted ya conoce los cinco lenguajes del amor, puede querer echar un vistazo a estas páginas como un rápido curso de actualización. A veces, olvidamos cuán beneficiosa es una idea hasta que nos la vuelven a recordar. Pero si usted nunca ha oído acerca de los cinco lenguajes del amor, dese el gusto ahora. Los cónyuges que aprenden el lenguaje de su pareja y lo "hablan" regularmente, maximizan los sentimientos de amor que todos deseamos experimentar en nuestro matrimonio. Con estos pensamientos en mente, el segundo secreto para hacer puro fuego su matrimonio y aumentar su intimidad emocional es aprender cada uno el lenguaje del otro, y hablarlo tan a menudo como sea posible.

Cada uno de nosotros tiene un camino o lenguaje primario y secundario de dar y recibir amor. Por ejemplo, usted puede mostrar a su esposo que es amado al hacerle la comida todas las mañanas antes de que él se vaya a trabajar.

También tendemos a expresar amor a nuestro cónyuge y los demás de la manera en que nos gusta recibirlo. Lo hacemos porque suponemos que, si una cierta acción o actitud nos haría sentir amados, también nuestro cónyuge y los demás sentirían lo mismo. Sin embargo, a menudo los esposos y las esposas no hablan el mismo lenguaje del amor (¿nos sorprende?). Él se asegura de rotar las ruedas y cambiar el aceite de su auto, mientras que usted preferiría una docena de rosas color coral envueltas con un moño color salmón. Usted le dice "te amo" todos los días, mientras que él preferiría que usted hiciera el amor con él más

Los cónyuges que aprenden el lenguaje de su pareja y lo "hablan" regularmente, maximizan los sentimientos de amor que todos deseamos experimentar en nuestro matrimonio.

a menudo. Estos comunes ejemplos de desencuentros suelen dejarnos heridos y abandonados, a menos que, por casualidad, usted y su esposo sean tan afortunados que compartan el mismo lenguaje del amor.

Reconocer y practicar los cinco lenguajes del amor tiene el potencial para mejorar todas las relaciones, porque los demás se sentirán más amados y cuidados cuando usted aprenda y les hable en su principal lenguaje de amor.

Una pregunta importante

Siempre me preguntan: "¿Cómo puedo decir cuál es realmente mi lenguaje del amor o el de mi esposo?". Si después de leer las descripciones de los cinco lenguajes del amor usted no puede decidir cuál lo describe mejor, recuerde esto: lo más probable es que cuando no se habla su principal o secundario lenguaje del amor, no se sienta amada ni tampoco valorada, aunque su esposo le demuestre amor de otras maneras.

También tendemos a expresar amor a nuestro cónyuge y los demás de la manera en que nos gusta recibirlo.

Con esto en mente, preste atención durante las próximas semanas. Vea si su "tanque de amor" está lleno hasta rebosar, basándose en las palabras y acciones de su esposo hacia usted, o si siente que está terriblemente a punto de vaciarse. Y si su esposo no está seguro de cuál es su principal lenguaje del amor, intente con diferentes expresiones de amor de cada categoría. Luego, pregúntele durante varios días si se siente altamente valorado o no.

Manzanas de oro: el lenguaje de las palabras de afirmación

A través de las edades, los hombres y mujeres han cortejado y declarado su amor eterno por medio de palabras. Elizabeth Barret Browning y su esposo, Robert Browning, buscaron y ganaron el afecto mutuo, lo que condujo a un matrimonio sumamente romántico donde la pasión resplandecía perdurablemente a lo largo de los años por medio de sus palabras. Proverbios 25:11 (RV60) dice: "Manzanas de oro con figuras de plata es la palabra dicha como conviene". Las palabras correctas habladas en el tiempo correcto son hermosas para oír y elevar nuestra alma.

Los halagos sinceros y las afirmaciones verbales de amor y respeto siguen siendo poderosos hoy. Nos demos cuenta o no, las palabras tienen la capacidad de proveer mucha seguridad emocional a algunos de nosotros.

¿Es usted una mujer a quien le gusta oír: "Cariño, te ves estupenda en ese conjunto", "Realmente me gusta cómo te peinaste hoy"? O mi favorita de todos los tiempos: "¿Te he dicho últimamente lo mucho que te amo?". Si uno de sus lenguajes del amor es de palabras, ¡su corazón está alegre ahora mismo! Sabe lo mucho que significan los elogios y las palabras positivas para usted.

En nuestro hogar, a mi esposo le gusta decir palabras y a mí recibirlas. Él es vendedor y yo autora y conferencista, así que está acostumbrado a dar palabras para conectarse con el cliente, y yo estoy conectada para responder a las palabras. La afirmación verbal es mi segundo lenguaje del amor, y por años mi esposo me ha bendecido trayéndome palabras afectuosas cada mañana con el café.

Ahora, por favor, no se ponga celosa cuando le diga que durante la mayor parte de nuestra vida matrimonial mi esposo me ha traído el café a la cama cada mañana.

Esta maravillosa tradición comenzó cuando tuvimos nuestros bebés. Un pequeñito se despertaba cerca de las 5:30 o 6:00 a.m. (usted sabe que lo hacen), y mi esposo pronto se dio cuenta de que yo era prácticamente incapaz de alimentarlos y cambiar sus pañales, entre otras cosas, sin un buen pocillo de café fuerte. Encontró que si llevaba el bebé, el pañal y el café para mí al mismo tiempo, todos éramos cuidados y él podía continuar con su día. Aunque ahora nuestros bebés han crecido, Stu todavía entra a la habitación (definitivamente es una persona mañanera)

> Una manera en que usted puede decir si está hablando el lenguaje de amor de su cónyuge es que se iluminará delante de sus ojos cuando lo hable.

con una humeante taza de café en la mano. Mientras la coloca en la mesa de luz a mi lado, brinda un comentario como: "¡Buen día, hermosa!".

Irónicamente, lo común es que mi rostro esté hundido en la almo-
hada cuando me saluda, así que le habla a la parte de atrás de mi
cabeza. Sobra decirlo: sé que mi esposo no está siendo demasiado
veraz cuando me llama "hermosa" por la mañana, pero no importa.
Es una estupenda manera de comenzar el día para una mujer "de
palabras" como yo.

Pero quizás su esposo es la persona de palabras de su casa. Si es
así, intente este pequeño experimento cuando él regrese a su casa esta
noche. Cuando tenga su atención, hágale un cumplido. Dígale cuánto aprecia lo mucho que trabaja para usted y sus hijos o diga que
observó lo apuesto que luce con su traje (o ropa de trabajo, ¡o lo que
sea!) cuando él cruce la puerta de entrada.

Las personas cuyo principal lenguaje del amor son las palabras pueden ser fácilmente aplastadas por comentarios hirientes o descuidados.

Una manera en que usted puede
decir si está hablando el lenguaje de
amor de su cónyuge es que se ilumi-
nará delante de sus ojos cuando lo
hable. Como una acotación al margen, y la mayoría de ustedes probablemente sabe esto, los hombres
necesitan ser halagados de maneras
varoniles, no con frases cursis. Hala-
gue a su esposo por los músculos,
cómo cuida de su familia, su sabiduría en una decisión en el trabajo o
hasta sus proezas sexuales (realmente
a él le gustará eso): cualquier cosa
que enfatice su rol de proveedor,
protector y caballero en su brillante
armadura para usted y su familia.

Decirle lo mucho que significa para usted que él mismo cargue el
lavaplatos esa mañana, podría no hacer que se ilumine aun cuando
las palabras sean su primer lenguaje del amor.

Varias cosas podrían suceder cuando usted pruebe este experimento: (a) que se desmaye porque hace mucho tiempo desde que oyó

un halago (*sé* que esto no será verdad); (b) que la mire raro, se encoja de hombros y diga en una tenue y monótona voz: "oh"; o (c) que él se ilumine como un árbol de Navidad y siga el resto de la noche con un brillo de alegría en su rostro. Si la respuesta es la C, es probable que uno de los lenguajes de amor de su esposo sean las palabras.

Palos y piedras

Un punto crucial para recordar acerca de las personas cuyo lenguaje del amor son las palabras es que pueden ser sensibles a las palabras negativas, especialmente si esas palabras son dirigidas hacia ellas. Las personas cuyo principal lenguaje del amor son las palabras pueden ser aplastadas fácilmente por comentarios hirientes o descuidados. Estos individuos suelen toman las cosas literalmente o por su valor nominal. Las bromas pueden apartarlos y el sarcasmo herirlos. No es sorprendente que no respondan bien a la intimidación verbal o la crítica áspera con el halago.

Como adultos, sabemos que la familiar canción de niños en inglés que dice: "Palos y piedras pueden quebrar mis huesos, pero las palabras nunca me herirán", sencillamente no es verdad. Las palabras hirientes hieren profundamente, y las secuelas se pueden sentir toda la vida. Proverbios 18:21 declara con firmeza: "La muerte y la vida están en poder de la lengua" (RV60). En otras palabras, podemos hablar de una manera que mate el espíritu de alguien o traiga vida a los otros.

Las palabras hirientes hieren profundamente, y las secuelas se pueden sentir toda la vida.

En el libro de la Dra. Laura Schlessinger *The Proper Care and Feeding of Husbands* (El cuidado apropiado y la alimentación de los esposos), da un ejemplo de la respuesta de un esposo a la hipercrítica de su esposa sobre cómo él lavaba los platos. (¿La mayoría de nosotras no estaríamos contentísimas si nuestros esposos nos ayudaran en la cocina?) Petrificada, ella encontró otro error más para condenarlo. Este hombre se quedó de pie frente al fregadero de la cocina con lágrimas que corrían por su rostro en el momento que su esposa gritaba: "Quiero el divorcio. ¡De todos modos tengo que hacer todo yo!".[2] Este es un trágico ejemplo de las palabras usadas como una espada y que inflingen gran dolor.

Parece que las mujeres en particular luchamos con lo que sale de nuestra boca. Sé que yo con seguridad lo hago. El pecado más frecuente por el que pido perdón al Señor es algo que he dicho durante el curso del día. O dije algo fuera de lugar o en un tono inapropiado.

La raíz del problema puede hallarse en el hecho de que las mujeres necesitamos hablar cerca de veinticinco mil palabras por día para sentirnos satisfechas, mientras que los hombres requieren solamente diez mil. Ya de por sí el volumen de palabras que necesitamos usar por día nos hace susceptible de utilizarlas mal. Proverbios nos advierte: "En las muchas palabras no falta pecado." (Pr. 10:19, RV60). A muchas de nosotras eso nos predispone al fracaso ¡ahí mismo!

Una de mis frases favoritas es del personaje ficticio Padre Tim de la serie Mitford, de Jan Karon. Al describir a su madre, Tim dice: "Era una mujer sumamente verbal, quien también conocía el inapreciable valor de estar callada".[3] Si no estamos seguras de qué decir en una situación, generalmente no perjudica quedarse callada. Además, cuando estamos sumamente enojadas, probablemente lo mejor sea no dar rienda suelta a nuestros sentimientos del momento. Y en esas raras ocasiones donde me encuentro sin palabras, en lugar de sentirme frustrada, me recuerdo a mí misma: "Hasta un necio pasa por sabio si guarda silencio" (Pr. 17:28).

Mi lenguaje favorito: los regalos

El lenguaje de los regalos es mi lenguaje de amor favorito. Durante años, mi esposo pensó que yo era un poco ávida porque pedía regalos con frecuencia. Lo que ninguno de nosotros comprendía en ese tiempo era que yo necesitaba una evidencia concreta de su amor por mí. Si usted o alguien a quien usted ama tiene el lenguaje de los regalos, no significa que usted o él sea un materialista, porque no es necesario que un regalo sea caro para ser apreciado por la persona de "regalos". Si su lenguaje del amor son los regalos, la razón por la que se siente amada cuando su esposo le da un regalo es porque significa que estuvo pensando en usted.

Mi amiga Catherine tiene un amoroso esposo que sabe que el primer lenguaje del amor de ella son los regalos. A Marvin le gusta satisfacer sus antojos de helado de yogur, trayéndole a casa el "sabor del mes", con todo y sus salsas favoritas. También le habló fuertemente en su lenguaje de amor para su quincuagésimo cumpleaños, con un viaje sorpresa en un velero alquilado ¡con cuatro de sus mejores amistades! Lo que realmente hace esto muy especial es que Marvin hubiera preferido tener a Catherine toda para sí; pero, sabía que ella disfrutaría de la compañía de sus amistades.

Un estudiante sobresaliente

Hasta que Stu y yo aprendimos sobre los lenguajes del amor, yo cuidaba el dinero y ahorraba para comprarle una camisa nueva o un par de pantalones. (¿Mencioné que amo la ropa? ¿En quién estaba pensando aquí, realmente?) Anticipaba todo el día su sorpresa y deleite porque yo había buscado tiempo y dinero para comprarle ropa nueva. *¡Incorrecto!* Él miraba la camisa o los pantalones o lo que sea que le extendía sobre la cama y decía: "Está lindo", de manera indiferente. No hace falta decir que me quedaba totalmente abatida y no podía entender por qué no mostraba más entusiasmo. Yo seguramente lo habría hecho.

Después de que aprendimos que mi lenguaje del amor eran los regalos, Stu entendió por primera vez por qué los regalos o las expresiones tangibles de su amor eran tan importantes para mí. Afortunadamente, estoy casada con alguien que aprende rápido. Primero, frutillas frescas acompañaron mi café matutino. Luego, hizo algo que mostró que realmente había comprendido de qué se trata el lenguaje de los regalos.

Cuando nuestros hijos eran pequeños, el show de televisión "Thirtysomething" (Treinta y tantos) era popular. Como estábamos en ese grupo de edad, solía identificarme con las situaciones representadas. En cambio, Stu no compartía mi entusiasmo. Le parecía un show sentimental, y generalmente encontraba otra cosa para hacer cuando el programa se emitía.

Aunque no le importaba verlo, Stu se sintió apenado por mí cuando el programa fue cancelado. La noche del martes antes de que se emitiera el último episodio, él me ayudó a limpiar después de la cena. De pronto, dijo: "Olvidé algo en la camioneta hoy. Está del lado del acompañante. ¿Podrías traérmelo?".

El lenguaje del amor de los regalos se puede hablar sin un gran presupuesto. La clave está en ser sensible y escuchar las pequeñas cosas que alegrarían el día de su hombre.

Cuando abrí la puerta de la camioneta, allí, prolijamente envuelta sobre el asiento, había una camisa de dormir de algodón púrpura, de una tienda local, con la inscripción "Treinta y tantos" adelante.

¡Corrí a casa tan entusiasmada! Mientras le agradecía, Stu dijo: "Sabía que esta noche era el último show, y quería que pudieras ponerte esa camisa para verlo". ¿Lo había captado o no?

La otra cosa que necesita saber de Stu es que él es un hombre que no sale de compras. Una vez al año va a una tienda conmigo para comprarse ropa, pero usualmente se la elijo yo.

Para Stu, tomarse el tiempo para ir a una tienda y comprarme esa camisa (¡que ni siquiera era sexy!) era como si yo tratara de encontrar la barrena correcta para el taladro en una ferretería! Este gesto me dijo mucho de su tierno cuidado y su consideración por mí.

Consejos sobre el dar regalos

Ahora, antes de que se abata porque su esposo no puede obsequiarle un viaje al Caribe o usted no puede comprarle entradas para el Campeonato de la Liga Nacional, anímese. El lenguaje de amor de los regalos se puede hablar sin un gran presupuesto. La clave está en ser sensible y escuchar las pequeñas cosas que alegrarían el día de su hombre. Trate de averiguar el título de un libro que a él le gustaría leer o el último CD que querría comprar. Quizás él está viendo un nuevo aparato para el garaje, y usted podría ahorrar y sorprenderlo. Un amigo nuestro, Pedro, es un "adicto a las carteras". Colecciona toda clase de carteras en que usted pueda pensar: mochilas, riñoneras, portafolios y toda clase de maletines. Si fuera mujer, ¡tendría el placard lleno de carteras! Así que su esposa, Maggie, siempre está en busca de carteras diferentes o inusuales en el mercado de pulgas o las ferias. El dar regalos se puede hacer hasta con poquísimo dinero.

Si usted es una persona de regalos, haga una lista de las pequeñas cosas que la harían sentir amada. Manténgala corta si está escasa de dinero. En vez de deprimirse por hacer una lista de los regalos que apreciaría, es mejor darse cuenta de que si su esposo no es una persona de regalos, será difícil para él recordar lo que a usted le gustaría recibir. Recuerde, el deleite estará en lo que él escoja, y el gozo de la sorpresa viene cuando se lo entrega a usted. (Si ambos son personas de regalos, ¡es posible que quieran esconder las tarjetas de crédito!)

Además, usualmente no será muy divertido para la persona de regalos recibir algo que realmente necesita. Esto podría estar bien de vez en cuando, pero no habitualmente. Por ejemplo, si su esposo está tratando de hablar su lenguaje de amor y decide comprarle un tostador, no se sentirá muy entusiasmada. Los regalos prácticos son útiles, pero probablemente no encenderán las luces románticas como una riquísima caja de chocolates.

Finalmente, Proverbios nos recuerda: "Con regalos se abren todas las puertas" (18:16). Si usted ha tenido una discusión con su esposo, otro miembro de la familia o un amigo íntimo —y él o ella es una persona de regalos— ¡vaya de compras! Hasta una tarjeta de saludos bien elegida puede ayudar a suavizar las cosas. Y si usted es una persona de regalos, una ofrenda de paz puede suavizar el más duro de los corazones.

Amor en acción: el lenguaje del servicio

Todos conocemos el antiguo refrán: "Los hechos hablan más fuerte que las palabras". Para la mujer cuyo lenguaje de amor es servir, el clamor de su corazón sería: "No solamente digas que me amas, ¡*muéstramelo!*". La mayoría de los actos de servicio se componen de los trabajos y las tareas de la vida cotidiana. Preparar una comida, lavar

Cuando las tareas comunes se hacen pensando en el bienestar del cónyuge, usted comunica amor de una manera contundente.

los platos, pasar la aspiradora, sacar la basura, cortar el césped o echarle gasolina al auto, son todos ejemplos de este lenguaje del amor. Cuando las tareas comunes se hacen pensando en el bienestar del cónyuge, usted comunica amor de una manera contundente.

La Biblia nos habla claramente del gran valor de mostrar amor a través de lo que hacemos: "Queridos hijos, no amemos de palabra ni de labios para afuera, sino con hechos y de verdad" (1 Jn.3:18). Para muchos hombres, el lenguaje del servicio es la principal manera de expresar amor a su esposa y su familia. Cuando una esposa cuestiona sinceramente el amor de su esposo por ella porque él rara vez le dice: "te amo", un hombre con el lenguaje de amor de servicio responde: "¡Por supuesto que te amo! Trabajo mucho por nuestra familia, cuido los autos, arreglo el jardín. ¿Crees que hago estas cosas para mí mismo?". Lamentablemente, debido a la feminización de nuestra cultura y la expectativa de que los hombres deberían contactarse con sus sentimientos y expresar sus emociones como lo hacen las mujeres, este lenguaje válido del amor ha sido minimizado y hasta desechado.

¿Su esposo entra en esta categoría? ¿Es él el trabajador y estoico proveedor sobre cuyos hombros recae toda la responsabilidad de su hogar? En vez de criticarlo por no ser tan verbal como usted quisiera, ¿por qué no prueba agradecer a Dios —y a él— por tomar seriamente su rol de protector y proveedor? Probablemente, se sentirá muy apreciado y aliviado porque usted puede sentir su amor cuando él ha estado esforzándose por expresárselo.

Podría ser tentador pensar: *Pero ¿éstas no son las responsabilidades que tenemos todos? ¿Cómo puede ser que el rotar las ruedas de mi auto sea un lenguaje de amor?* Cuando las mujeres pensamos en el amor, tendemos a pensar sólo en el romance: poesía sincera, tarjetas sentimentales, hermosas flores y costosas cenas a la luz de las velas. Todas estas hermosas demostraciones de amor nos hacen sentir especiales.

Pero, ¿ha estado alguna vez muy enferma? O quizás esté abrumada por las exigencias interminables de los hijos pequeños. Si es así, usted sabe de primera mano cuán significativo puede ser un sonriente: "No te preocupes, cariño; yo bañaré a los niños y los acostaré esta noche". En realidad, permanentemente me encuentro con mujeres que me dicen que su primer lenguaje de amor es el servicio. Tienen esposos cariñosos, a quienes les gusta divertirse, pero darían cualquier cosa porque ellos llegaran del trabajo a la casa y se ofrecieran a preparar la comida o limpiar la cocina para que ellas puedan tener un descanso. Animo a estas sobrecargadas esposas a que hagan que para el esposo valga la pena hacerlo. Ponga los brazos alrededor de su cuello, dele un beso, y hágale saber que guardará la energía extra de su descanso para él.

Tal vez usted se ha dado cuenta de que su principal o secundario lenguaje de amor es el servicio. Sería mejor que su esposo lavara el piso de la cocina en vez de comprarle un regalo costoso, pero innecesario. Quizás significaría más para usted que él sacara la basura sin que se lo recuerde que decirle por centésima vez en el día lo hermosa que es. Pero, ¿qué diría si los actos de servicio hicieran que su esposo se sintiera amado?

Si uno de los lenguajes de amor de su esposo es el servicio, estará agradecido por la maravillosa, o quizás no tan maravillosa, comida que usted ha preparado (¿salchichas fritas quizás?). Le encantará tener su ropa lavada, de modo que no se quede sin la ropa que necesita. Le gustará que tenga la casa arreglada y en orden. Y realmente sumará puntos si le cosió el botón que se había salido hacía meses de la camisa. ¿Ve? Él necesita señales de tareas físicas que usted haya realizado a lo largo del día para demostrarle cuanto le importan él y su familia.

Una amiga y su esposo tenían un buen estándar de vida, así que ella rutinariamente enviaba sus camisas a la lavandería para que las lavaran, almidonaran y plancharan. Pero Bill siempre se quejaba de eso, y Cheryl no entendía por qué. Cuando Cheryl y Bill aprendieron sobre los lenguajes del amor, ambos se dieron cuenta de que el servicio era importante para él, razón por la cual cuando ella llevaba las camisas a la lavandería, él sentía que no le importaba.

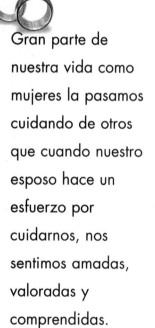

Gran parte de nuestra vida como mujeres la pasamos cuidando de otros que cuando nuestro esposo hace un esfuerzo por cuidarnos, nos sentimos amadas, valoradas y comprendidas.

Otra mujer le preguntó a su esposo qué podría hacer para demostrarle su amor por él. Estaba segura de que respondería con alguna alocada sugerencia respecto a su vida sexual, lo cual le habría parecido bien a ella. En cambio, respondió: "Me encantaría que me prepares el almuerzo por las mañanas". Esta elegante mujer fue a la tienda de productos gourmet más cercana, y se proveyó de sus comidas y quesos favoritos. A cambio, él la recompensó con más intimidad física como ella anhelaba.

Glaseado sobre la torta

Por último, el lenguaje de servicio del amor también incluye la manera cortés en que un hombre trata a su esposa, tal como abrirle la puerta del auto, tomarla del brazo al cruzar la calle o arreglar todos los detalles para una especial cita juntos. Los modales tradicionales como estos nunca pasan de moda, y son especialmente significativos para una mujer cuyo lenguaje de amor es el servicio. Gran parte de nuestra vida como mujeres la pasamos cuidando de otros que cuando nuestro esposo hace un esfuerzo por cuidarnos, nos sentimos amadas, valoradas y comprendidas. Se enciende el fuego del romance, y nuestro corazón se reconforta con un poquito de tierno cuidado.

Una de las delicadas responsabilidades que tenemos como esposas es ayudar cariñosamente a nuestro esposo para que comprenda cuánto significa para nosotras esta atención romántica. Es el puente que atraviesa las aguas turbulentas de un matrimonio difícil y el glaseado sobre un matrimonio que podría estarse desmigajando. Así que no se rinda si su esposo no lo comprende al principio. ¡Siga haciéndole saber que una fabulosa esposa y una fogosa vida amorosa lo están esperando!

Una nota de precaución

Aquí va una nota rápida para las esposas sobre el lenguaje del servicio. Me he encontrado con muchas parejas en que el esposo trabaja arduamente para sostener la familia de modo que la esposa pueda estar en el hogar. Pero ella no siempre usa sabiamente el tiempo para mantener las cosas marchando bien para él y la familia. Un esposo solía contarme que sentía que se aprovechaban de él. Si esto es así en su hogar, oro que corrija los problemas. Jugar varios días a la semana mientras su esposo trabaja no es correcto ni justo. Amy Dacyczyn —autora de *The Tightwad Gazette* (La gaceta apretada), un manual práctico sobre ideas para ahorrar dinero en el hogar— escribió: "Cualquiera que sea el cónyuge que se queda en casa, debería realizar cada día la misma cantidad de horas de trabajo que cumple el cónyuge que sale a trabajar".[4]

Bien, soy la primera en admitir que mi esposo trabaja mucho más tiempo y días que yo. Él es físicamente más fuerte que yo y lo puede soportar. Primera de Pedro 3:7 (RV60) recuerda a los hombres que vivan con sus esposas sabiamente como con un "vaso más frágil". Los esposos deben reconocer que la mayoría de las mujeres no tienen la misma cantidad de fuerza y resistencia física que los hombres. Pero esto no nos da licencia para pasar el día jugando y dejar de lado la ética de trabajo duro de un buen esposo. Si lo hace, probablemente terminará con un esposo resentido y malhumorado. Acuérdese de tratar a los demás como a usted le gustaría ser tratada.

Una esposa a quien le gustaba mucho jugar, tuvo un rudo despertar cuando su esposo perdió el empleo, y ella tuvo que volver a trabajar. Ella llegaba a casa cada noche a la hora de la cena para encontrar que no había cena preparada, la casa estaba desordenada, y los niños esperaban que los pasaran a buscar de la práctica de deporte o que los llevaran a las lecciones de piano. Después de unas semanas, confesó humildemente a nuestro estudio bíblico: "Comprendo lo que Roger decía todos estos años. Las cosas se han invertido ahora".

Bien, sé que hay esposas que trabajan mucho cada día para cuidar los hijos en el hogar. Sin embargo, cuando su esposo llega del trabajo, siente que ha cumplido con su tiempo por ese día y no debería hacer nada más. Esta actitud puede ser desalentadora para una esposa agotada, especialmente si tiene hijos pequeños. Si esto le ocurre a usted, trate de sugerir con gentileza que su relación será mejor si él le da una mano ocasionalmente, porque tendrán más tiempo y energía el uno para el otro. Cuando el trabajo se divide equitativamente, todos se benefician.

Amor se deletrea T-I-E-M-P-O:

El lenguaje del tiempo de calidad

Si el lenguaje de amor de su esposo es el tiempo significativo, usted nunca será una esposa solitaria. ¿Por qué? Porque su hombre nunca se sentirá satisfecho a menos que se conecte emocionalmente con usted por lo menos de quince a veinte minutos por día, y a menudo sólo querrá estar con usted. Una definición de tiempo de calidad es dar a una esposa, hijo o amigo su completa atención mientras escucha lo que dice y luego responde con consideración. Su amado sabe que usted está totalmente "presente" con él en ese momento. No importa lo difícil que haya sido el día de este esposo, él querrá repasarlo con usted y conversar antes de que la noche termine.

El esposo del tiempo significativo muestra genuino interés en su esposa y en cómo pasó el día. A menudo, preguntará: "¿Viste a alguna de tus amigas hoy? ¿Cómo están los niños? ¿Hay algún problema? ¿Estás bien en todo?", o la eterna favorita: "¿Hay algo por lo que pueda orar por ti?". A cambio, este esposo necesita que le haga preguntas serias y que lo acompañen en sus respuestas. Cargar o trabajar en el último proyecto mientras su cónyuge está tratando de hablar no cae bien cuando su lenguaje de amor es el tiempo significativo. Usted se siente rechazada si tiene la mitad de la atención de la otra persona durante una conversación. Una esposa nos dijo que tenía que apagar el televisor y no podía estar mirando una revista cuando su esposo estaba listo para su tiempo de charla en la cama.

Cuando su lenguaje del amor es el tiempo significativo, necesita cantidad tanto como calidad en el tiempo que pasa con las personas que más le importan.

El lenguaje de amor del tiempo también es simplemente estar juntos. Un querido esposo que conocemos pide frecuentemente a su esposa que vaya con él a su negocio mientras él trabaja en su bote simplemente para que puedan estar juntos. Pasar gran cantidad de tiempo juntos puede transformar hasta los momentos cotidianos en tiempo de calidad. Cuando su lenguaje de amor es el tiempo significativo, necesita cantidad tanto como calidad en el tiempo que pasa con las personas que más le importan.

Como habrá adivinado, el esposo del tiempo significativo es el sueño de casi toda mujer. Las salidas nocturnas son una prioridad así como hablar por teléfono durante el día. Sin embargo, el lenguaje del servicio es para los hombres una manera común de expresar su amor, lo cual puede reducir el tiempo significativo con sus esposas. Por esta razón, el tiempo de calidad es el lenguaje de amor que muchas mujeres siguen necesitando oír para sentirse afirmadas y amadas por sus esposos.

El tiempo de calidad es el principal lenguaje del amor de nuestra hija, Brynne. Desde que era pequeña, andaba por la casa buscándome, tomaba mi mano y preguntaba: "Mami, ¿cuándo vamos a ser una familia?". Sabía que lo que quería decir era cuándo íbamos a estar todos juntos en la misma habitación, hablando, riendo y divirtiéndonos. Aún como adolescente, con frecuencia esta preciosa hija corre a almorzar a casa sólo para estar conmigo si sabe que no va a verme esa noche. Para Brynne, el amor se deletrea T-I-E-M-P-O.

Cariño, ¿estás escuchando?

Una de las mayores quejas de las mujeres con respecto a los hombres en general es: "¡Él nunca me escucha!". Para la esposa cuyo lenguaje de amor es el tiempo significativo, ésta puede ser la causa de una profunda herida en vez de una simple irritación. Creo que la mayor parte de la aparente incapacidad de escuchar de los hombres se debe a que la mayoría de los hombres son aprendices y procesadores visuales o cinéticos que responden a su entorno principalmente a través de la vista o la actividad. En cambio, el escuchar involucra procesar auditivamente, recibir información por medio del oír.

Cuando Darla y Ken eran novios, ella pensaba que había encontrado el hombre ideal. Cada tarde, se reunían en el césped del campus de la universidad para almorzar. Mientras Darla hablaba, Ken la miraba fijamente, inclinaba su cabeza y decía "ajá" y "ummm" de vez en cuando. Después que se casaron, Darla aprendió la verdad durante una conversación cotidiana con Ken.

"¿Entonces qué piensas?", le preguntó ella.

Pestañeó sorprendido un momento y se puso rojo.

"Ken", insistió, "¿qué acabo de decir?".

Avergonzado, se encogió de hombros y respondió: "¡No sé!".

Darla se dio cuenta de que Ken nunca había estado realmente interesado en lo que ella tenía para decir. En cambio, él le daba su "cobertura de vendedor". Como era vendedor, los clientes le hablaban mucho de su vida, problemas o familias. Para superar eso, Ken había aprendido a desconectarse asintiendo de vez en cuando y haciendo algunos sonidos de aprobación.

Si su esposo es desafiado a escuchar como Ken, podría intentar algunas de las siguientes sugerencias para asegurarse de que sigue con usted mientras le está hablando.

- Haga oraciones sencillas, breves y al grano. Por ejemplo, diga: "La práctica de música estuvo realmente bien esta noche", en vez de "La práctica de música estuvo estupenda esta noche. Al principio, no podía entender bien la canción, así que Mike, el líder de adoración, me dijo que tratara de...bla, bla, bla". Usted entiende lo que quiero decir. Dele a su esposo la "Versión condensada del Reader's Digest", y guarde la novela completa para sus amigas.

- Limítese a tres temas por vez. Decida durante el día cuáles tres cosas son las más importantes para decirle a su esposo. Si acaban el tema de la charla en menos de diez minutos y desean incorporar otros asuntos, adelante. Sólo preste atención a su lenguaje corporal y deje de hablar si lo está perdiendo. Él apreciará su sensibilidad, y usted evitará que sus sentimientos sean heridos.

- Incluya preguntas que no puedan contestarse con un simple sí o no a lo largo de la conversación para acercarlo. Pregúntele: "¿Qué piensas de...?" o "¿Cómo manejarías...?".

- Si quisiera una indicación de que ha oído lo que usted dijo y no busca que solucione ningún problema por usted, hágale saber que estas frases hablan su lenguaje del amor:

"Lo siento, cariño. Eso debe haberte herido."

"¡Me alegro de que disfrutaras tanto!"

"Debes haberte sentido bien por eso."

"¿Quieres orar por eso?"

Dada en el momento adecuado, cualquiera de estas respuestas será de mucha ayuda para hacer que la mujer cuyo lenguaje de amor es el tiempo de calidad se sienta escuchada, comprendida y amada.

Abrazos y besos: El lenguaje del contacto físico

Hasta que Stu y yo aprendimos sobre el concepto de los lenguajes del amor, yo pensaba que era meramente un objeto sexual para mi esposo, ¡y en eso era una pobrecita! Con mi cabello lacio, mi pecho liso, y, como supe hace unos años, hasta ojos lisos (nunca pude usar lentes de contacto), sabía que no era gran cosa. Pero, amigas, ¡yo era todo lo que él tenía! Entonces aprendimos cómo algunos individuos dan y reciben amor principalmente por medio del contacto físico. Un abrazo en la cocina, un rápido beso en el baño, y especialmente hacer el amor, adquiere un significado mucho más profundo para el esposo o la esposa cuyo lenguaje de amor se expresa por el contacto. En ese momento, comprendimos. ¡No era raro que Stu no pudiera quitar sus manos de mí! Cada vez que mi esposo se ponía en contacto conmigo, estaba diciendo: "Te amo; por favor, ámame también" más fuerte de lo que podía con las palabras.

Cuando descubrimos que el lenguaje de amor para Stu era el contacto físico, dejé de gastar tanto dinero ganado con esfuerzo en cosas materiales que él nunca apreciaba. Después le pregunté: "¿Deseas calidad o cantidad en nuestras relaciones sexuales?" Respondió: "Cantidad, ¡siempre!" Utilicé toda mi energía en hablar su lenguaje de amor.

Nuestros cuatro hijos eran de edades de nueve meses a cinco años cuando oímos por primera vez sobre los cinco lenguajes del amor. Como puede imaginar, vivía en un constante estado de agotamiento, así que fue liberador para mí darme cuenta de que no tenía que desgastarme en cientos de formas distintas para mostrarle mi amor a Stu.

Lo que él quería era a mí físicamente. Al mismo tiempo, él comenzó a esforzarse más en hacerme sentir amada de las maneras que yo deseaba, lo cual eran los regalos y las palabras. En poco tiempo, los depósitos de amor de ambos estaban repletos en vez de esfumarse y casi vaciarse. Establecimos un ciclo positivo de dar y recibir amor mutuamente en las maneras que eran más significativas para cada uno. A cambio, nuestra vida amorosa mejoró notablemente en cada nivel.

Sexo misericordioso

Sin embargo, el único problema en estas nuevas expresiones del amor fue descubrir que yo no necesitaba ni deseaba la intimidad física tan frecuentemente como mi esposo. ¿Cómo podía continuar mostrándole amor a Stu hablando su lenguaje del contacto físico cuando a menudo estaba tan cansada que no podía ver con claridad? El Dr. John Gray escribió en *Marte y Venus en el dormitorio*: "Mientras que muchos libros hablan de tomar tiempo para que la mujer tenga una experiencia placentera, ninguno parece hablar sobre la necesidad legítima del hombre de *no* tomar mucho tiempo... Para ser paciente y tomar regularmente el tiempo que una mujer necesita en las relaciones sexuales, un hombre necesita disfrutar en ocasiones de una rápida".[5] ¡Cómo desearía haber leído el libro del Dr. Gray en los primeros años de nuestro matrimonio! Nos habría evitado mucha tensión a Stu y a mí.

Afortunadamente, Dios es la fuente de toda verdad, y él me ayudó a ver que podía dar el regalo de la intimidad a mi esposo aunque yo no estuviera inspirada. En privado, a estos encuentros los llamo "sexo misericordioso". Por favor, comprenda que no dejaba que Stu supiera que lo llamaba así, pero en mi mente tomé la decisión de que, como el Señor tuvo misericordia de mí, ¡yo también podía tener misericordia de mi esposo! ¿El resultado? Stu estuvo inmensamente complacido con esta expresión de amor, y yo recibía gozo sabiendo que lo hacía tan feliz.

No se preocupe si sabe que no podrá seguir el ritmo del apetito sexual de su esposo. En cambio, concéntrese en cuidar de él si éste es su lenguaje de amor, y vea si no florece una nueva intimidad entre ustedes dos. Confíe en mí, si él es un hombre típico, ¡la adorará!

Excepciones a la regla

Cada vez que enseño sobre el lenguaje del contacto físico, al menos una esposa me hace saber que *ella* es la única que necesita sentir amor a través del lenguaje del contacto, tanto sexual como no sexual. Luego, continúa explicando que desgraciadamente, por diversas razones, las relaciones sexuales con su esposo prácticamente han cesado. Mientras más lo pide ella, más se retrae él. Si éste es su aprieto, la comprendo, pero, por favor, no pierda la esperanza.

La Dra. Janet Wolfe declara en *What to Do When He Has a Headache* (Qué hacer cuando él tiene dolor de cabeza) las razones por las que "los hombres parecen haber perdido el interés en el sexo".[6]

- El cambio de roles en nuestra cultura, lo cual significa que el hombre ya no es el perseguidor
- La intimidación que sufren algunos hombres cuando son confrontados por el nuevo tipo de mujer, agresiva y súper competente
- El temor a la intimidad
- Las nuevas y mayores expectativas puestas sobre el esposo por parte de las mujeres que desean más de su esposo emocionalmente y no temen hacérselo saber
- Los sentimientos de agotamiento y el exceso de estrés
- Las presiones para satisfacer las necesidades sexuales de su esposa
- Los horarios sobrecargados o falta de tiempo
- El aburrimiento básico en el dormitorio
- Los conflictos maritales
- Las disfunciones sexuales
- La ansiedad por evitar embarazos
- Las diversas condiciones médicas o medicaciones

Como esposa cristiana, ¿cómo puede responder cuando su esposo no parece dispuesto o capaz de conectarse físicamente con usted?

Su primera línea de defensa, como en cada situación, es llevar sus asuntos a Dios en oración. Derrame su dolor ante el Señor, y dígale todo lo que tiene en su corazón. No tiene por qué avergonzarse. Después de todo, su Padre celestial es quien creó originariamente el matrimonio. La intimidad sexual fue su plan y su regalo para que las parejas casadas experimenten una unidad que no se encuentra en ninguna otra relación.

Luego, después de pedirle al Señor que prepare el corazón de su esposo, tenga una charla con su hombre y dígale lo que necesita y cómo se siente. Quizás desee explicarle los lenguajes del amor si nunca ha escuchado este concepto antes. Trate de hacerle saber que el contacto físico es una de las vías por las cuales el amor se le comunica a usted. Y asegúrese de agregar que usted está más que dispuesta a enfocarse en expresar afecto de maneras que sean significativas para él. Podría incluso dialogar con él para explorar cuáles podrían ser esa maneras.

Tenga cuidado de no acercarse a su esposo con una actitud exigente. La autora Shannon Etheridge escribió acerca de un tiempo en que jugaba con su hijo. En vez de decir: "Mira, mamá", él se acercaba y tomaba su mentón para captar su atención. La autora naturalmente encontraba irritante esto, y buscaba los juguetes sólo para que se detuviera. Explicaba que esta misma escena suele aparecer con nuestro esposo.[7] Cuando exigimos que satisfaga una cierta necesidad que tenemos, podemos lograr lo que deseamos, pero no con el espíritu que esperábamos. O aún peor, puede rechazarnos porque se siente obligado.

> Cuando exigimos que satisfaga una cierta necesidad que tenemos, podemos lograr lo que deseamos, pero no con el espíritu que esperábamos.

Por último, sea paciente y halle gozo aun en los pasitos de bebé que pueda dar su esposo. Si no han hecho el amor desde hace tiempo,

pero él está dispuesto a darle un masaje en la espalda, ¡sea agradecida! Si hacen el amor, pero no tan a menudo como quisiera, trate de
contentarse con las veces que tiene intimidad. Si usted desea más
contacto físico no sexual y su esposo está de acuerdo en tomarle la
mano mientras mira televisión, permita que él sepa lo mucho que eso
significa para usted. Puede estar en una época en que debería bajar
sus expectativas y contentarse con las pequeñas expresiones de amor
que tienen lugar entre usted y su esposo.

Pensamientos finales

Espero que esté entusiasmada por hablar el lenguaje de amor de su
esposo y por ayudarle a que comprenda el suyo. Pero, ¿y si usted hace
todo lo posible para mostrarle cuanto le importa, y no encuentra una
respuesta entusiasta de su esposo? O aún peor, ¿si él tiene una reacción
negativa o sospechosa a su demostración de afecto? Primero, considere si
usted ha equivocado su principal lenguaje de amor. Si piensa que éste
puede ser el caso, no se desanime ni se dé por vencida. Pruebe otras
maneras de demostrarle a su esposo que le importa.

Luego, pregúntese si su esposo ha pasado o no mucho tiempo sin
que su lenguaje de amor le haya sido hablado. Él podría estar sintiéndose
vacío. Si es así, recuerde que como una bomba de agua necesita agua
para hacerla funcionar, el corazón vacío puede necesitar oír que se le
hable en su lenguaje de amor más de una vez antes de que pueda

Como una bomba
de agua necesita
agua para hacerla
funcionar, el corazón
vacío puede
necesitar oír que
se le hable en su
lenguaje de amor
más de una vez
antes de que pueda
responder.

responder. Las claves son la persistencia, la paciencia, y disfrutar el uno del otro aunque las cosas no sean perfectas.

¿Y si usted decide: "Pero quiero que me hable regularmente en los *cinco* lenguajes del amor"? Es verdad que cada lenguaje es una maravillosa expresión de amor, pero seguir la pista de cuánto y cuán a menudo su esposo le demuestra amor sólo creará insatisfacción en su corazón. Proverbios 30:15 brinda una buena lección de contentamiento: "La sanguijuela tiene dos hijas que sólo dicen: ¡Dame! ¡Dame!" Una definición de sanguijuela es "una persona que se aferra a otra para sacar ventaja personal; un parásito".[8] Cuando su esposo la mire, ¿quiere que vea una esposa amable y cariñosa o un mujer egoísta y pegajosa? Yo sé cuál elegirá usted.

SECRETO 3

Ría y juegue

Todo tiene su momento oportuno… un tiempo para reír…
Eclesiastés 3:1, 4

Cuando era niña, ¿cómo se vinculaba con sus amigas? ¿Acaso no era por las incontables horas que pasaban jugando y riéndose? Usted corría a través de los aspersores en un caluroso día de verano o se ponía disfraces y fingía ser una adulta como mamá. Quizás usted y sus amigas jugaban con muñecas o daban volteretas en el césped. Después, cuando creció, el tiempo que compartían cambió a risitas en el teléfono por los chicos apuestos de su clase, hacerse las unas a las otras manicura y pedicura, y experimentar con el cabello y el maquillaje. Las experiencias compartidas ayudaban a crear una cercanía emocional que la conectaba con sus amigas.

Secreto 3

Ahora que está casada, en realidad no es tan diferente. ¿Sabía que para el esposo típico, el pasar tiempo de esparcimiento con usted, su esposa, está en el segundo lugar, sólo después del deseo de tener intimidad sexual con usted?[1] Mire la estructura de mercadeo de la industria del entretenimiento. Saben que los hombres gastan más dinero en veleros, eventos y equipamiento deportivos y membresía en los

gimnasios que las mujeres. Además, recuerde cuando usted y su esposo salieron de novios por primera vez. El jugar servía como un importante medio para llegar a conocerse. Pero no tiene que estar casada
mucho tiempo para descubrir que este aspecto de un matrimonio
apasionado y emocionalmente cercano se olvida muy pronto. En
algún lugar entre las pilas de ropa para lavar y las cuentas para pagar,
los trabajos de tiempo completo y el mantener arreglado el césped,
muchas parejas olvidan divertirse.

Si esto le suena deprimentemente familiar, ¡por favor, no se rinda! Como la naturaleza tiene sus diferentes estaciones, así también
todo matrimonio. ¿Su estación favorita es la primavera, cuando los
árboles están comenzando a echar
brotes y miles de flores llenan el aire
con su dulce perfume? ¿O es el verano, con sus cielos azules y brillantes
y los días calurosos y ociosos? Quizás
le infunden vigor los tonos coloridos
del otoño y las enérgicas brisas de las
noches más frescas, o la belleza silen-
ciosa del invierno en la quietud sere-
na de la nieve. Si usted es como yo,
le es difícil decir cuál es la mejor,
porque cada una ofrece una cualidad
diferente para disfrutar. Lo mismo ocurre con el matrimonio. Cada
etapa tiene su belleza particular y sus desafíos.

> Como la naturaleza tiene sus diferentes estaciones, así también todo matrimonio.

Antes de que se resigne a una política de ausencia de diversión
entre usted y su esposo hasta que (a) los niños crezcan, (b) usted here-
de una gran suma de dinero o (c) se terminen todas las tareas de la
casa, exploremos cómo puede usted ser la compañera de esparcimiento de su esposo a través de todas las épocas de la vida que comparten.

Primavera: cuando el amor es nuevo

"Nada es tan hermoso como la primavera".[2] En Colorado, donde
vivimos, recibimos con los brazos abiertos el primer soplo cálido de

la primavera. Las señales de la vida que comienza a despertar después de un invierno largo y frío abundan en todas partes. Los potrillos recién nacidos siguen a sus madres cautelosamente sobre patas tambaleantes mientras, en los campos cercanos, los sementales esperan con impaciencia. Cuando uno se enamora por primera vez, ¿no se siente también así de impaciente? Los poetas y románticos también concuerdan en que nada se compara con la vertiginosa primavera del amor nuevo.

La primavera de una relación incluye el noviazgo, la boda, la luna de miel y los primeros años del matrimonio. En esta época, las parejas hacen casi todo juntas. Cuando usted y su esposo comenzaron a estar de novios, no era difícil encontrar actividades para disfrutar juntos, ¿no? La mayor parte del tiempo el estar juntos les bastaba; no importaba cuál fuera la actividad. A muchas de mis amigas de la universidad y a mí nos gustaba ver a nuestros muchachos jugar su deporte favorito. El béisbol, fútbol o básquetbol tenían un nuevo significado y entusiasmo cuando el hombre con quien planeabas casarte estaba en la cancha o el campo de juego. Las mujeres tratan con mucho empeño agradar al hombre de su vida durante la primavera de su relación. Por lo tanto, muchos hombres se casan sin darse cuenta de que en realidad no nos gusta tanto el fútbol o el básquetbol como ellos pensaban. Nos gusta nuestro hombre, y eso es suficiente.

Jugar juntos es vital para mantener la intimidad emocional y el deseo físico en el matrimonio.

¿Cuáles eran algunas de las actividades recreativas que usted y su esposo compartían cuando salían y cuando eran recién casados? ¿Han seguido realizando regularmente algunas de ellas? Jugar juntos es vital para mantener la intimidad emocional y el deseo físico en el matrimonio. El antiguo dicho de: "La pareja que ora junta, permanece junta" tiene mucha verdad en sí mismo. Pero aquí hay una variación:

"La pareja que *juega* junta permanece junta". La propia palabra "*recreación*" nos revela por qué no deberíamos pasarla por alto. Significa "restaurar, refrescar y crear de nuevo; poner vida nueva en el cuerpo o la mente, por medio del juego, la diversión o la relajación".[3] Es por esa verdad que toda relación puede beneficiarse de ella.

El amor está en el aire

Los años de la primavera de una relación son usualmente la época más fácil para que un hombre y una mujer encuentren tiempo y energía el uno para el otro. Probablemente, ambos pueden trabajar, así que las finanzas no tienden a ser un problema. Por lo general, los bebés no han aparecido en la escena todavía, y sus padres no son de edad tan avanzada para tener mayores problemas de salud. Sé que este cuadro es una generalización, pero ésta es la experiencia de muchas personas jóvenes enamoradas y recién casadas.

Si la vida real se entromete, tienen la confianza de la juventud y el amor joven para buscar una alternativa. Si no tienen mucho dinero, saben que pueden disfrutar de excursiones, acampar, caminar o andar en bicicleta juntos. Si un bebé llega al poco tiempo, aprenden rápidamente qué transportables son esas personitas. Si sus padres se enferman, tienen energía y reservas para sobrellevarlo de una manera que disminuye notablemente a medida que se envejece. Si los golpea algo con lo que no pueden hacer nada, generalmente están tan enamorados que no les importa. Aunque sea mayor cuando encuentra su primer amor o se enamora por segunda vez, el entusiasmo y todos esos sentimientos eufóricos aun son los mismos.

En la primavera de la vida, la mayoría de las mujeres son bastante saludables y concientes de la dieta. Tienen cuidado con lo que comen y sacan tiempo para el ejercicio. Quizá usted no se da cuenta de cuán atractivo es esto para el hombre promedio. Una vez que comprende el gran valor que los hombres dan al esparcimiento, puede entender por qué son atraídos por una mujer que es activa y que cuida de sí misma. Una de las mayores quejas que escucho es que un esposo descubre que la mujer con la que se casó no está tan resuelta a mantenerse en forma como él pensó que estaba. Ni está interesada en participar de las actividades recreativas que los unieron al comienzo. La pasión de su esposo por la vida y las actividades deportivas no desaparece mágicamente tras la ceremonia de la boda.

Mamá en motocicleta

Carlos y Raquel solían andar en su motocicleta Harley-Davidson durante la primavera de su vida en común. Luego, llegaron sus bebés, que motivaron a Raquel a dejar la motocicleta. Poco después, las presiones financieras la obligaron a regresar a su trabajo a tiempo completo. La motocicleta fue vendida, y con el paso de los años, Carlos y Raquel tenían cada vez menos tiempo el uno para el otro, incluyendo el esparcimiento compartido. Luego, hace cuatro años, Carlos dejó atónita a Raquel al pedirle el divorcio. Ella estuvo de acuerdo en separarse, pero le preguntó si esperaría para concretar su deseo de divorciarse.

Mientras tanto, con los hijos crecidos y mudándose de casa, Raquel se fue y compró su propia Harley-Davidson. Sin que Carlos lo supiera, tomó clases de instrucción de motocicletas y se vistió con el casco y ropas de cuero de seguridad.

Un día Carlos la llamó para hablar. Ella dijo: "¿Por qué no nos reunimos en tu departamento?". Se subió a su motocicleta ¡y Carlos se volvió loco! No podía creer que Raquel fuera tan lejos para mostrarle cuánto lo seguía amando. Con lágrimas en los ojos, dijo: "No puedo creer que lo recordaras". Ella respondió: "¿Cómo podría olvidarlo? Esos fueron algunos de los mejores años de nuestra vida".

Así como el romance es una clave para la intimidad sexual en el corazón de una mujer, la compañía en el esparcimiento es una clave para los hombres.

Por un lado, puede pensar que la reacción de Carlos fue superficial, pero como mujer usted debe comprender que, así como el romance es una clave para la intimidad sexual en el corazón de una mujer, la compañía en el esparcimiento es una clave para los hombres.

¿Qué le gusta hacer a su esposo? De esas actividades que a él le gustan, ¿en cuál podría participar usted? ¿Puede recordar actividades que solía compartir con él? Ser la compañera de esparcimiento de su esposo no se limita a los deportes. Quizás está casada con un experto en computadoras al que le encantan los juegos de mesa y los museos de arte. Encuentre al menos uno o dos de los intereses y pasiones de su esposo que usted podría compartir con él.

Buscar el equilibrio

La mayor parte de los hombres tienen al menos un pasatiempo que sus esposas no pueden o no desean compartir con ellos. Mi esposo juega básquetbol a las 5:30 de la mañana con un puñado de amigos. No quiero estar en un gimnasio frío y oscuro en mitad de la noche (que es lo que son para mí las 5:30 a.m.), y él no quiere ni necesita que yo esté allí. A otros hombres que conozco les gusta jugar a las cartas "con los muchachos" una noche por semana o exigirse a sí mismos hasta su límite físico por las senderos de bicicleta de montaña ¡más de lo que sus esposas siquiera desearían subir caminando!

Existen dos teorías sobre las parejas que pasan tiempo libre ocupados en actividades compartidas. En un extremo del espectro, encontramos a los expertos que recomiendan tener un poco de separación. A él le gusta el golf; a ella, ir a fiestas de álbumes. A él le gusta practicar deportes extremos; ella continúa sus clases de danza. Dos mujeres en uno de los encuentros de la conferencia dijeron que sus esposos eran fanáticos de los vehículos todo terreno (ATV, por sus siglas en inglés). Ellas recogían a los niños, llevaban libros y zapatos para caminar, y aprovechaban para estrechar su amistad mientras animaban a sus hombres cuando iban a toda velocidad por las pistas y se ensuciaban.

Mi relación con mi esposo ha seguido siendo estrecha aunque tenemos intereses separados. Siempre me encanta andar a caballo. Entretanto, Stu se involucra en las ligas de básquet y softball. Pero siempre tratamos de hacernos tiempo para caminatas o excursiones por los bosques durante la semana y para una cita el fin de semana.

En el otro extremo del espectro, están quienes recomiendan que usted "sólo debería dedicarse a las actividades recreativas que tanto usted como su cónyuge pueden disfrutar juntos".[4] El consejero matrimonial y de familia, el Dr. Willard Harley escribió que cuando él se casó era presidente del club de ajedrez de la universidad, y a menudo disfrutaba del juego con su esposa. Sin embargo, después de unos meses de casados, ella le informó que no estaba interesada en jugar ajedrez —ni ningún otro juego que a él le importara— puesto que él siempre ganaba. Debido al compromiso de tiempo que implica el ajedrez, él dejó de jugar, y juntos encontraron pasatiempos que podían disfrutar ambos.

Recomienda también que esposos y esposas pasen juntos al menos quince horas ininterrumpidas por semana, algunas de las cuales se empleen en una actividad de esparcimiento compartida. Si un esposo y una esposa pueden adoptar la sugerencia de este consejero, probablemente tendrán un matrimonio fantástico. ¿Cómo no lo sería? Todo ese tiempo invertido riendo y jugando juntos formaría un vínculo amoroso increíblemente fuerte.

Si comparte el plan del Dr. Harley con su esposo y lo cumple, puede saltar el resto de este capítulo, ¡porque su matrimonio ya será puro fuego en esta área! Sin embargo, para el resto de nosotros, sugeriría experimentar con compartir cantidades crecientes de tiempo juntos en lo que ambos disfrutan. Vea cuánta unión puede soportar su relación. Encuentre su límite de compatibilidad: ese punto en el cual ya no tiene tiempo para las actividades que solía disfrutar sola o comienza a discutir. En ese punto, dé un paso atrás de tanta unión, de modo que en vez de sentirse presionados, ambos deseen más.

En la primavera, más que en ninguna otra estación, tanto en las relaciones como en la naturaleza sentimos que "el amor está en el aire". Pero como todos sabemos demasiado bien, la primavera no dura para siempre.

Verano: cuando el amor da fruto

El verano es la época de año cuando mucho de lo que estuvo esperando se ha hecho realidad. Las plantas que cultivó en la primavera ahora están llenas de flores. Los días son más largos y las noches más cortas, así que tiene más tiempo para jugar, nadar, acampar y explorar. Quizás se ha mudado a su nueva casa, y sus hijos llenan los días soleados con sus sonrisas. Y si realmente es afortunada, en las noches de verano será arrullada hasta dormirse por el sonido de los grillos chirriando al unísono con la tranquila respiración de sus hijos. Esta estación depara deleites especiales, pero también puede traer calor sofocante y desagradables picaduras de mosquitos los "días de perros del verano".

El verano en una relación matrimonial puede ser tan maravilloso como la idílica estación que describí, pero también puede ser un tiempo de desagradable despertar... ¡literalmente! No sólo si tiene bebés recién nacidos, sino en toda clase de formas que no se limitan en absoluto a tener niños. Las altas expectativas y el idealismo que caracterizaba la primavera del amor pueden secarse y dejarla sintiéndose como si estuviera en un desierto. A menudo, el final de la vida de libro de cuentos que previmos ocurre con mayor frecuencia cuando llevamos de siete a diez años de casados. Este fenómeno es tan común que se le conoce como "la comezón del séptimo año", un tiempo vulnerable en el matrimonio. Algunos cónyuges se ven tentados a escapar de las presiones y responsabilidades y comenzar otra vez con alguien nuevo, pensando que pueden permanecer para siempre en la primavera de una relación.

Para nuestros propósitos, el verano de su relación amorosa comienza alrededor del séptimo año de matrimonio o cuando tienen hijos, lo que venga primero, y dura hasta que sus hijos comienzan a dejar el hogar. Para este tiempo, el primer arrebato estimulante del nuevo amor ha pasado, lo cual no es necesariamente malo. Nuestro cuerpo y nuestra mente no fueron diseñados para sostener ese grado de excitación a largo plazo. ¡Nos desgastaríamos! El amor del verano es cuando todas las esperanzas que hemos tenido desde el principio de la relación finalmente dan fruto. Sin embargo, junto con el gozo de ver cumplidos esos sueños, se halla la realidad de las tremendas responsabilidades que se requieren para mantener tales sueños. Una casa propia significa una hipoteca. Los autos deben ser pagados y mantenidos. Los jardines se deben cuidar. Hasta la bendición de un bebé recién nacido viene con la toma de conciencia de que ahora estamos de guardia, veinticuatro horas al día, siete días por semana.

Sobrevivir a una sequía

Durante el verano de nuestro matrimonio, me sentía como si estuviéramos en medio de una sequía larga e interminable. Como mencioné en el capítulo uno, nuestras madres y abuelas, que eran muy cercanas a nosotros, se enfermaron y murieron en los cinco años en que nacieron mis cuatro hijos. Por esa triste circunstancia, pasamos muchísimas horas en hospitales y funerales. Nos despedimos de nuestra primera casita que habíamos comprado en California, y nos mudamos a un dúplex de tres dormitorios cuando estaba embarazada de nuestro cuarto hijo, de modo que podíamos vivir del escaso ingreso de nuestro flamante negocio. Perdimos miles de dólares cuando el negocio fracasó, y el valor de otra nueva casa que compramos en el apogeo del mercado inmobiliario bajó abruptamente cuando era el tiempo

Pero aún en el mejor y más llevadero de los matrimonios, las palabras *fatiga*, *agotamiento*, *estrechez*, *presiones de trabajo*, *ocupación* y *presupuestos* vienen a la mente en esta época.

en que teníamos que vender. También experimenté graves problemas de salud durante ese tiempo. Y cuando nuestros hijos tenían de tres a ocho años, me hospitalizaron doce días debido a una reacción muy grave a un antibiótico. Se agregan a esto los altibajos del estar casada, más el languidecer del entusiasmo del amor nuevo, y teníamos una receta para el desastre.

¿Se ha terminado el primer rubor de su amor nuevo? Tal vez usted es uno de esos pocos afortunados a quienes se les han ahorrado muchas de las durezas que una sequía puede acarrear a su relación. Si es así, ¡regocíjese en que el Señor está con usted! Pero aún en el mejor y más llevadero de los matrimonios, las palabras *fatiga, agotamiento, estrechez, presiones de trabajo, ocupación y presupuestos* vienen a la mente en esta época.

Cuando usted se halla abrumada por montañas de ropa para lavar y las demandas legítimas de los niños, ¿cómo puede tener el tiempo, la energía o el deseo de ser la compañera de esparcimiento de su esposo? Es duro. Pero hasta en medio de los trabajos, la tarea en la iglesia, el ser padres de cuatro hijos preadolescentes a adolescentes y los problemas importantes de salud, mi esposo no me dejó escapar de él, y le estaré agradecida por siempre.

Bendiciones forzadas

Hace algunos veranos, estaba haciendo mi buena obra anual de voluntariado por una semana en un campamento cristiano local. Una noche, llamé a casa para ver con Stu cómo le estaba yendo sin el caos habitual, ya que tres de nuestros cuatro hijos estaban en el campamento conmigo. Él me hablaba muy rápido por teléfono, lo cual es inusual para este gigante hombre del sur que normalmente habla más lento que una tortuga. Enseguida supe por qué: Había comprado dos motos acuáticas y ¡un remolque para llevarlos! Qué divertido, podría decir, pero hizo todo esto sin siquiera consultarme. Le recordé este hecho rápidamente y con indignación, a lo cual respondió: "¡Pero lo sabías!".

Pregunté: "¿Cómo se supone que sabía?".

"¿Recuerdas cuando estábamos en el lago el verano pasado y te dije que quería conseguir unos para nosotros?", respondió. Eso era. Una oración en junio traducida en miles de dólares gastados en motos acuáticas para nuestra familia. La peor parte de todo el asunto era que en la tarde siguiente, teníamos que asistir a la boda de una hermosa pareja de jóvenes de nuestra iglesia. En un momento de la ceremonia, hicieron un lavado de pies para cada uno y prometieron amarse y servirse como Cristo amó y sirvió a la iglesia. Todo lo que pude hacer fue evitar ponerme de pie y gritarle a la novia: "¡No sabes lo que estás haciendo! ¡No sabes en lo que te estás metiendo! ¡Podría salir y comprarse motos acuáticas y ni siquiera preguntarte, y no puedes divorciarte por eso!" (Examiné la Biblia cuidadosamente. No hay ninguna escritura que permita divorciarse del esposo si se compra grandes juguetes sin nuestro permiso.)

Para mi disgusto, pese a todos mis gemidos, quejas y protestas, las motos acuáticas han resultado ser una estupenda manera de vincularnos en el esparcimiento. Y no sólo para Stu y para mí: nuestra familia entera se ha unido. Durante nuestros días de noviazgo, solíamos andar en motocicleta, pero abandoné eso hace tiempo. Encontré que cuando me subía detrás de la moto acuática y envolvía mis brazos en la barriga de "edad mediana" de Stu, surgían sentimientos de amor y ternura, y emergían recuerdos cariñosos cuando volábamos sobre el agua. Esto, además de toda la diversión y el entusiasmo de los nuevos recuerdos que estábamos creando. (Y un bono extra es que, durante años, las motos acuáticas trajeron frecuentemente a nuestros adolescentes y sus amigos al campamento con nosotros, cuando de otro modo se habrían quedado en casa.)

Minimomentos

¿Está actualmente en el verano de su matrimonio? ¿Siente que hace años que usted y su esposo no se divierten? Otra manera de traer risa y un espíritu juguetón a su matrimonio es transformar "minimomentos" en algo especial. A Stu y a mí nos gusta compartir los divertidos adhesivos para parachoques que hemos visto. Mi favorito de siempre dice: "De todas las cosas que he perdido, la que más extraño es la cabeza!". Y la de mi esposo es: "¡Puedo estar creciendo, pero me niego a ser mayor!". (Los que nos conocen, deben de estar riéndose: ¡hay mucha verdad en la mayor parte del humor!) También coleccionamos chistes que hemos leído o escuchado, y los usamos cuando queremos animar las cosas.

Uno de los más grandes problemas que enfrentan las parejas en el verano de su matrimonio es quien cuidará a los niños mientras mamá y papá se comunican. Ésta es un área donde debe decidirse a encontrar una solución o su vida de pareja decaerá durante esta época de tanta actividad. La pareja que está dispuesta a hallar soluciones encontrará muchas opciones. Los adolescentes confiables siempre son una buena elección. Si el dinero es un problema, busque una cooperativa de niñeras. Por supuesto, la mejor alternativa, si es asequible para ustedes, es dejar que el abuelo y la abuela tengan a los pequeñitos una o dos horas.

Olvide el piso

Otro obstáculo que impide que la pareja pase tiempo junta durante el verano de su vida es sentir que no puede dejar de atender quehaceres y responsabilidades. ¿Cómo puedo justificar ir a jugar golf con mi esposo si hay que aspirar la alfombra, y a la habitación de Jamie parece que la azotó un tornado? Algunas personalidades pueden vivir con que su hogar sea menos que perfecto. Si usted es una de ellas, probablemente ¡no hallará sentido en lo que acabo de escribir! Pero algunos de nosotros, los perfeccionistas, realmente debemos luchar para divertirnos cuando la tarea nos llama. Una fuerte ética del trabajo no es una mala característica, pero necesitamos relajarnos —¡y dejar que él se relaje!— de vez en cuando, para que podamos nutrir las relaciones con nuestro esposo. (¡Admítalo!) ¡Tiene una lista de una milla de largo de "cariño, ¡tengo que hacer"!

Encuentre una niñera, deje por hacer algo de los quehaceres domésticos, y hágase tiempo esta semana para hablar con su esposo de realizar juntos una actividad de esparcimiento que ambos puedan compartir. Puede ser una actividad que ambos disfrutaban durante la primavera de su relación o una nueva que quisieran probar. Si su energía ha disminuido por las demandas de los quehaceres y los niños, vea si su tesoro estaría dispuesto a llevarla a cenar fuera o a un picnic. Después, la próxima vez que planifique una salida, permítale elegir la actividad. Si es una que a usted no la entusiasma demasiado, siga su sugerencia; hasta podría gustarle.

> Una fuerte ética del trabajo no es una mala característica, pero necesitamos relajarnos —¡y dejar que él se relaje!— de vez en cuando, para que podamos nutrir las relaciones con nuestro esposo.

Mike decidió que él y Brenda deberían intentar jugar a los bolos juntos. Sabía que no estaba en perfecto estado físico, pero era un gran aficionado a los deportes, y quería que hicieran juntos algo que exigiera un esfuerzo físico. Brenda fue por primera vez esa noche a la bolera con un poco de recelo. El jugar a los bolos le parecía algo de "clase baja" para ella, y además ¿qué pasaba si arrojaba el bolo a la canaleta? Para su sorpresa, no tuvo una mala actuación, y encontró que en realidad le gustaba. Mike, a su vez, estaba tan complacido de que ella se hubiera esforzado, que alternó contento esa salida para jugar a los bolos con llevar a Brenda a cenar y ver una película. Cuando los niños crecieron, comenzaron a llevar a toda la familia.

¿Quién hubiera pensado que el jugar a los bolos sería tan romántico? Esta pareja que jugó junta *permaneció* junta, y todos en la familia cosecharon los beneficios.

Otoño: cuando el amor acepta el cambio

Tradicionalmente, el otoño es una estación repleta de actividad. Comienza la escuela, y nuestras celebraciones giran en torno a un tiempo en que los granjeros traían la rica cosecha que los sustentaría durante el invierno. Las hojas de los árboles son una paleta de artista de rojos, naranjas, marrones y amarillos, y encendemos los primeros fuegos en la chimenea para ahuyentar el frío de la noche. Aunque muchos días otoñales siguen siendo cálidos y soleados, las noches nos recuerdan que se aproxima el invierno.

El otoño como etapa del matrimonio está tan lleno de transiciones, que se niega a pasar inadvertido. Tras décadas de monotonía, todo parece cambiar. Su cuerpo, que alguna vez fue predecible, comienza a declinar su ciclo menstrual, y toda una gama de cuestiones físicas y emocionales la hacen sentir como si estuviera dando una larga vuelta en una montaña rusa. Desgraciadamente, en lugar de ser divertida, esta vuelta la hace sentir mareada, y todo lo que quiere hacer es bajarse.

Quizás tuvo una casa llena de niños y se quedaba en casa o sólo trabajaba a tiempo parcial. Pasaba su tiempo tratando de recobrar el aliento en medio de un horario agitado, y el calendario desbordaba de actividades. De pronto, una mañana la casa está en silencio, y deambula con tiempo disponible, algo que ni siquiera podría haber imaginado pocos años atrás. Aun más inquietante es cuando se sientan a la mesa —sólo usted y su esposo— y se da cuenta de que apenas conoce al hombre que está sentado frente a usted. Como la noche de Halloween, ¡esta época de otoño del matrimonio puede dar miedo!

Es precisamente en esta coyuntura crítica del matrimonio que algunos hombres y mujeres cortan amarras y tratan de reemplazar la increíble soledad que sienten por una nueva relación. Si un matrimonio siempre ha sido difícil, quizás uno o ambos miembros de la pareja decidan que ya no vale la pena el esfuerzo. Si ha sido una relación fácil y a la que le han dedicado poco, tal vez uno de ustedes se aburra con el otro.

La época otoñal, por lo general, sucede cuando tenemos entre cuarenta y cincuenta años de edad. Un hombre de cuarenta quizás se vea enfrentado a la realidad de que nunca va a lograr lo que imaginó para su carrera. Las metas financieras que se propuso quizás no se han materializado, y tiene edad suficiente para darse cuenta de que probablemente nunca suceda. Por otro lado, si ha tenido un tremendo éxito y ha logrado todo lo que deseaba en su corazón, puede encontrar que la vida —y su esposa— no tienen gracia.

Agregue a esto los cambios físicos que sufre su cuerpo. Ya no puede correr por el campo como lo hacía antes o lanzar la pelota tan lejos. O lo que es peor, los deportes que antes disfrutaba ahora pueden llevarlo al hospital. Y lo que resulta aún más crítico para él es que su deseo y respuesta sexual pueden haber comenzado a disminuir. Si es un hombre típico y le está sucediendo eso, acuérdese de lo que le digo: ¡preferiría estar muerto!

Vire el barco

Ahora bien, antes de que se sienta tan desanimada que no quiera seguir leyendo, sepa que creo en dejar de lado las malas noticias para concentrarse en lo bueno. Imagine su matrimonio como un largo viaje en barco. El otoño es la época perfecta para virar el barco y traerlo a puerto seguro para el invierno y el final del viaje.

Usted y su esposo comenzarán a tener más tiempo a solas durante los años de otoño. Por lo tanto, aproveche ese tiempo para tratar todas aquellas cuestiones de su matrimonio que hayan impedido su unidad a lo largo de los años, buscando al Señor en oración para resolverlas de la mejor manera. Si a usted o su esposo les gusta leer, busque un libro sobre el tema que cree que podría ayudarla, y empiece por ahí.

Si a su esposo no le gusta leer, aquí tiene un método que funciona muy bien para muchos hombres. Déjele saber a su amorcito de un libro que a usted le encantaría que leyera porque cree que ayudará a que su matrimonio sea lo mejor que podría ser. A cambio, pídale que le diga una cosa que le gustaría que hiciera por él, algo que demuestre que se ocupa seriamente de sus necesidades. Por ejemplo, Debbie realmente quería que su esposo leyera el libro *Lo que él necesita, lo que ella necesita* con ella, al menos la sección de las necesidades de ella. Puesto que a su esposo no le gustaba mucho la lectura, le pidió a

Matt: "¿Hay algo que te gustaría que hiciera por ti, ya que deseo que leas este libro conmigo?". Él le respondió con un guiño y una sonrisa de oreja a oreja: "Tú sabes que hay algo de lo que siempre quiero más". (Lean entre líneas, amigas.) Debbie sonrió y dijo: "Ahí vamos. ¡Estoy feliz de hacer todo lo necesario para motivarte!".

El otoño es definitivamente el momento para redefinir lo que la actividad recreativa significa para usted y su esposo.

Sé que esto suena simplista, pero usted no creería la cantidad de mujeres que se sienten genuinamente decepcionadas cuando les digo que no es justo pedir que sus esposos hagan algo particularmente significativo para ellas si ellas, sus esposas, no están dispuestas a hacer algo que sea significativo para sus cónyuges.

Si los libros, la oración y las conversaciones no están ayudando, por favor, recurra a un consejero cristiano para comenzar a avanzar en la dirección correcta. Es probable que hayan invertido al menos veinte años el uno en el otro para cuando lleguen al otoño. Sería una tragedia dejar que su relación se marchitara y muriera después de todos esos años juntos. O, si ha vivido en una tregua implícita mientras sus hijos estaban en casa, ahora es tiempo de bajar la bandera blanca y avanzar hacia la intimidad y unidad emocional.

Redefina la "diversión"

En la temporada otoñal del matrimonio, esas actividades recreativas que siempre ha disfrutado con su marido puede disfrutarlas aún más plenamente. Caminar, hacer una excursión a pie, andar en bicicleta, nadar, jugar al golf y —éste es uno divertido— bailar son todos pasatiempos que puede seguir compartiendo con su cónyuge, y que no requieren el mismo nivel de energía y estado físico que cuando tenían veinte años. Un esposo muy atlético que conocemos ahora juega a los naipes y al dominó, algo para lo cual nunca tuvo paciencia cuando era más joven. A su esposa le agrada este cambio en su matrimonio ¡porque ella le gana de vez en cuando! Aunque Bob sigue siendo sumamente competitivo, él y Jane están en igualdad de condiciones ahora que juegan más cartas y juegos de mesa.

Sandy está casada con Ronny, un hombre gentil y callado. Sandy, en cambio, es muy verbal, y por momentos el silencio de Ronny la vuelve loca, especialmente cuando quiere llevarla a un juego de pelota. Para ayudar a pasar el tiempo, ella compró una tarjeta de puntuación y completó la alineación del equipo, lo que hizo que el partido pasara rapidísimo. Esto la ayudó a prestar atención y hasta hizo que Ronny hablara más, porque se inclinaba y le preguntaba las últimas estadísticas. ¡Bien hecho, Sandy!

Valeria está casada con un ferviente pescador que es tan bueno, que un productor televisivo lo observó en un torneo de pesca y le preguntó si le gustaría ser el presentador de un programa sobre pesca. Ahora Valeria viaja por todo el país para estar con su esposo mientras él se dedica a pescar. Si están ellos dos solos y él salió a recrearse, ella trae una silla plegable y el último libro que está leyendo. Si él tiene que presentar el show, ella se queda atrás cerca de los camarógrafos, les lleva refrescos a todos, y alienta a su hombre.

Si el propósito de recrearse juntos es crear recuerdos gratos y fortalecer la intimidad, no conozco una forma mejor de hacerlo que participar en un ministerio con su marido.

El otoño es definitivamente el momento para redefinir lo que la actividad recreativa significa para usted y su esposo. Por ejemplo, quizás su esposo sea un genio en la cocina. Cuando no tiene que preocuparse por limitaciones de horarios como tener que recoger a los niños o las niñeras, reunirse con un grupo de amigos una vez al mes para cenar puede contribuir a una gran noche de entretenimiento. Aunque a su esposo no le gusta cocinar, nunca conocí un hombre al que no le guste comer.

Compañeras de ministerio

Para cambiar de tema, ¿consideró alguna vez ministrar a otros como una forma de recreación? Si el propósito de recrearse juntos es crear recuerdos gratos y fortalecer la intimidad, no conozco una forma mejor de hacerlo que participar en un ministerio con su marido. Cuando Stu y yo estábamos en la universidad, teníamos un maravilloso y dedicado pastor de jóvenes que se llamaba Scott Farmer. Scott animaba a su rebaño a no casarse con alguien solamente porque era divertido, sino a casarse con alguien con quien pudiéramos trabajar juntos para promover el Reino de Dios.

Descubrirá que los recuerdos que formen sirviendo a Dios como pareja —especialmente al afectar personas y cambiar vidas— traen un nuevo nivel de intimidad emocional y unidad espiritual entre ustedes dos.

En el otoño de nuestra vida, generalmente tenemos el tiempo, los recursos y la sabiduría para volcarnos al ministerio con mayor impacto que cuando éramos jóvenes. Sin embargo, en esta etapa suele ser que los matrimonios toman caminos ministeriales separados. Los martes, ella enseña en el estudio bíblico de mujeres; mientras que los sábados, él trabaja con otras personas de la iglesia, arreglando casas de las familias de pocos ingresos. No estoy a favor de que abandonen sus ministerios individuales, pero animaría a las parejas a buscar también una forma de servir juntos.

Además, a medida que envejecemos y el cielo se convierte en algo más real para nosotros, los versículos bíblicos que hablan acerca de acumular tesoros en el cielo (vea Mt. 6:20) adquieren un mayor significado. ¿Nos estamos enfocando solamente en el tiempo que estamos en la tierra o estamos haciendo de manera consciente depósitos en el cielo? El ministerio con su marido podría ser un viaje misionero de corto plazo. Eso cambiará su perspectiva para siempre y para bien. Más cerca de casa, ambos podrían dirigir una clase para recién casados, trabajar con los jóvenes de su iglesia, aconsejar a parejas que están sufriendo o invitar a cenar al fatigado equipo de la iglesia para disfrutar de una noche de comunión y refrigerio.

Todo el que se ha involucrado en el verdadero ministerio, sabe que no solamente significa tener que trabajar más duro. El gozo, la risa y un profundo sentido de paz se entremezclan con las oraciones y las lágrimas. Descubrirá que los recuerdos que formen sirviendo a Dios como pareja —especialmente al afectar personas y cambiar vidas— traen un nuevo nivel de intimidad emocional y unidad espiritual entre ustedes dos.

El invierno: cuando el amor perdura

El invierno de un matrimonio es como el invierno en diferentes regiones del mundo: puede ser crudo o agradable, dependiendo de dónde viva. Pero siempre podemos hallar belleza. Todo el mundo sabe que en medio del hielo y la nieve, los vientos helados y las largas y oscuras noches es donde disfrutamos esquiando y andando en trineo, patinando sobre hielo y bebiendo chocolate caliente. Los niños hacen un muñeco de nieve chueco, las familias comparten noches agradables y, lo mejor de todo, podemos celebrar la Navidad.

Muchas parejas disfrutan la etapa invernal del matrimonio gracias a la mejor nutrición y los adelantos médicos que nos han conducido a vidas más largas y una salud mejor. Conocemos a muchas parejas mayores que cada año exploran un país nuevo, hacen viajes misioneros de seis meses, practican la natación, juegan al básquetbol, y participan en pasatiempos que incluyen ejercicios tanto como la amistad: ¡caminar por el bulevar!

Los pasatiempos más tranquilos también traen placer y afianza el vínculo entre ambos: leer en voz alta es una excelente forma de descubrir una historia, compartir percepciones y mantener la mente despierta. Es como ver películas juntos —pero mejor— para algunas parejas.

El invierno, más que ninguna otra etapa del matrimonio, es el tiempo en que el fundamento de su relación —su fe, su historia compartida, sus votos y su amor perdurable— los mantiene firmes a través de las peores tormentas de la vida. La mayoría experimentaremos esta etapa de la relación matrimonial cuando ya somos personas mayores. A medida que nuestras fuerzas menguan y nuestra mente falla, nuestra oración es que tengamos la energía y la salud suficientes para disfrutar los años dorados con nuestro amado.

Pero tristemente, el invierno puede llegar a un matrimonio cuando no sólo nuestra vida declina. ¿Y si una enfermedad o accidente hace pedazos sus sueños de disfrutar de recrearse juntos o convertirse en trotamundos? Como una helada a principios del otoño, el invierno irrumpe bruscamente y llega antes de tiempo. Cuando esto suceda, ¿pueden seguir hallando oportunidades para reírse y jugar?

Un verdadero cuento de hadas

Unos amigos muy queridos nuestros sintieron el punzante aguijón del invierno apenas un año después de casarse. Larry y Delia se conocieron en la secundaria. Su coqueteo pronto se convirtió en la fuerte relación afectuosa que disfrutan hasta hoy. Jóvenes y enamorados, Larry y Delia pasaban cada momento juntos. Al igual que muchos jóvenes de su edad en la comunidad de la región montañosa donde vivían, caminaban por senderos del bosque y jugaban en equipos de softball mixtos. Esquiaban por las blancas laderas de las Rocallosas y jugaban en los fríos lagos transparentes en el verano. Delia estaba tan enamorada de Larry, que dejó pasar una oportunidad de estudiar arte con una beca en Italia. Y Larry se aseguró de que nunca se arrepintiera de esa decisión; le pidió que se casara con él. Ni bien terminó la secundaria, Delia llegó al altar del brazo de Larry, quien tenía veintiuno, y comenzaron su nueva vida juntos. Estaban en la primavera de su amor, y tenían todo por delante.

Durante un año, sus vidas continuaron siendo más o menos iguales que antes. Pero un día Delia sintió un bulto en el abdomen. Con el optimismo de la juventud, no se preocupó demasiado, pero igualmente fue a ver a un médico. Después de algunos exámenes, se enteró de que era un tumor benigno arraigado en una arteria principal y que había que extirparlo. Larry y Delia, sus amigos y familiares, oraron para que todo saliera bien la mañana de la operación, y quedó bajo los efectos de la anestesia razonablemente segura de que así sería.

La cirugía duró menos de lo esperado, y tenían muchas esperanzas cuando vieron que llevaban a Delia a la sala de recuperación. Aturdida por la anestesia, miró a Larry y sonrió levemente, tranquila de que lo peor hubiera pasado. Entonces comenzó la pesadilla. El cirujano no había ligado correctamente la arteria principal, y Delia sufrió una hemorragia. Sonaron las alarmas, y el hospital llamó urgentemente a médicos adicionales a la sala de operaciones. Larry estaba desconcertado, y oraba para que Dios salvara a su joven esposa.

El Señor oyó la oración de Larry, salvándole la vida a Delia. Pero con esa oración contestada vino una gran cantidad de dificultades. Delia quedó con impedimentos múltiples a causa de la pérdida de sangre y la falta de oxígeno en el cerebro. Cuando entró en la sala de cirugía, era una joven vibrante de diecinueve años con todas las promesas de juventud y salud. Al salir, no era ni la sombra de lo que había sido. Imposibilitada de caminar o hablar, apenas podía comunicar que entendía a quienes la rodeaban. Larry secó las lagrimas de las mejillas de Delia porque ella no podía hacerlo.

La familia de Delia estaba desconcertada. En medio del dolor y la angustia, sus padres hicieron lo que consideraron una oferta razonable a Larry. La madre de ella dijo: "Larry, eres joven. Tienes toda la vida por delante. Nosotros somos la familia de Delia; la amamos. La llevaremos a casa para cuidarla, y tú puedes seguir con tu vida".

Con sólo veintidós años en ese entonces, Larry vio cómo su matrimonio con Delia quedaba sumido en el invierno sin advertencia o preparación alguna. Él miro a la madre de Delia a los ojos y suave, pero firmemente dijo: "No. Le hice un voto a Delia ante Dios, nuestra familia y amigos. Voy a permanecer con ella y la voy a cuidar".

Cuatro meses después, Delia pudo salir del hospital. Tres años más tarde, cuando nació su pequeña hija, Larry bañó a la pequeña Courtney, y le enseñó a Delia a cambiarle el pañal. Puesto que ella no podía hacer muchas de las tareas comunes, mucho menos actividades recreativas, la fisioterapia de Delia se convirtió en uno de sus pasatiempos favoritos con Larry mientras miraban los últimos eventos deportivos por televisión.

Avancemos rápidamente veinticinco años, cuando Stu y yo conocimos a Larry y Delia. Sólo nos tomó unos momentos con esta maravillosa pareja darnos cuenta de las ahora leves discapacidades de Delia y la preocupación de Larry por protegerla. Ella aún necesita que él le ate los cordones y la ayude con otras pequeñas cositas. Pero puede llevar toda la contabilidad de un exitoso negocio, conduce su propio automóvil, y está a cargo de un estudio bíblico semanal en una cárcel de mujeres que está a varias millas de allí.

Delia no puede hacer muchas de las actividades que ella y Larry compartieron alguna vez, pero es una de las mejores compañeras de recreación de un esposo que yo haya conocido. Cuando él quiere cazar faisanes en Kansas, Delia se lleva un libro y lo acompaña en ese paseo. Cuando va a pescar en el embalse local, Delia está allí en el bote junto a él. El verano pasado, Delia se entrenó varios días a la semana y escaló uno de los picos de catorce mil pies de altura de Colorado con Larry y algunos amigos. Delia es mi modelo para la clase de compañera de recreación que yo quisiera ser para Stu y, como se imaginará, es una de las muchas razones por las que Larry está consagrado a ella.

Hablo con grupos diversos, pero todavía no he encontrado una esposa con los mismos desafíos que ha enfrentado mi amiga Delia. Sin importar qué obstáculos piensa que tiene en su camino —niños pequeños, finanzas, falta de tiempo, horarios de trabajo, responsabilidades del hogar o cuestiones de salud— pocas de nosotras tenemos una buena excusa para no ser la mejor compañera de recreación de nuestro esposo que podamos ser. Recuerde, un poquito de diversión ayuda mucho a tener una perspectiva más optimista de la vida y mantener a su esposo locamente enamorado de usted en todas las etapas de su matrimonio.

Secreto 4

Los pequeños lujos de la vida

Toda buena dádiva y todo don perfecto
desciende de lo alto, del Padre.

Santiago 1:17

Cuando oye la palabra *lujo*, ¿en qué piensa? La mayoría de nosotros imagina un crucero de ensueño a bordo de un yate fletado o una segunda luna de miel en una isla tropical privada en algún lugar de los mares del Sur. Pensamos en abrigos de visón, anillos de diamantes de cuatro quilates, y sirvientes que nos atiendan de pies y manos, siempre a nuestra entera disposición.

Pero hablamos de agradables entretenimientos que son accesibles para casi todos, cualquiera que sea su situación económica. Si no se permite a sí misma participar de estos pequeños lujos de la vida, ¡es probable que su matrimonio esté más apagado que encendido! Para nuestros propósitos, vamos a usar una de las definiciones de *lujo* del diccionario *Webster's*: "todo aquello que contribuye al placer y, por lo general, considerado innecesario para la vida y la salud".[1] Al describirlo de esa manera, podemos incluir muchas cosas ¿no?

Secreto 4

Si ha tratado de seguir y aplicar los consejos para avivar el fuego que hemos discutido hasta ahora, espero que haya bajado sus expectativas de perfección. Ha descubierto el lenguaje de amor de su esposo, y él el suyo, y están tratando de hablarlos regularmente. También pasan más tiempo libre juntos otra vez reconectándose mediante la recreación, para que una atmósfera de diversión permanezca en su matrimonio.

Una vez que usted y su esposo comienzan a reír y jugar más, a abandonar la perfección y a comunicar su amor en formas significativas, el resultado más natural de esto debería ser un aumento del deseo del uno por el otro. Entonces, podemos aplicar el secreto número cuatro para tener un matrimonio de puro fuego: Aprenda a sacar ventaja de los pequeños lujos de la vida. Quizás piense que está siendo egoísta al principio, pero estos lujos mejoran tanto la calidad de su relación, ¡que pronto se preguntará por qué ha tratado de vivir sin ellos!

Los momentos privados que usted comparte con su esposo, tanto emocional como físicamente, son lo que distinguen su relación de cualquier otra sobre la faz de la tierra.

El lujo de la privacidad

Por años dudé de la posibilidad de incluir la noción de privacidad como un secreto para la intimidad emocional y la pasión en el matrimonio, porque parecía tan obvio. Por supuesto que el esposo y la esposa necesitan privacidad para mantener la intimidad en su relación. Y no me refiero tan sólo a la intimidad física. Los momentos privados que usted comparte con su esposo, tanto emocional como físicamente, son lo que distinguen su relación de cualquier otra sobre la faz de la tierra. Usted puede dejar de querer ser perfecta cuando está con su familia, puede hablar un lenguaje de amor con sus amigos, y ciertamente puede disfrutar de momentos de recreación con muchas personas además de su cónyuge. Pero las áreas de su matrimonio cercadas por el seto de la privacidad son donde su matrimonio debería divergir y diferenciarse de toda otra relación que tenga.

En la cultura actual, se considera apropiado exponer prácticamente cada una de las facetas de la vida para consumo público. Comer, dormir e incluso las funciones corporales normalmente reservadas para el baño son objeto legítimo de exposición. Es por eso que los *reality shows* de la TV tienen tanto éxito. No sé usted, pero, por lo pronto, yo no creo que todos los aspectos de la vida deban tratarse igualmente. No lo son. Algunas partes de la vida, incluyendo nuestros pensamientos y deseos más íntimos y la relación sexual, son para compartirlos con una sola persona: nuestro cónyuge.

> Una de las alegrías íntimas de la vida de casados son las bromas privadas entre usted y su esposo: las indirectas secretas que no significarían nada para los demás, pero, por la historia que juntos compartieron, éstas pueden hacer que ambos estallen en carcajadas.

Privacidad emocional

Una de las alegrías íntimas de la vida de casados son las bromas privadas entre usted y su esposo: las indirectas secretas que no significarían nada para los demás, pero, por la historia que juntos compartieron, éstas pueden hacer que ambos estallen en carcajadas. Una palabra de Stu (no, ¡no le voy a decir cuál!), y sé exactamente lo que quiere decir, lo que está pensando, e incluso el proceso de pensamiento que lo llevó a ese punto. La privacidad emocional es la intimidad que se desarrolla entre una pareja a lo largo de los años, por lo que una mirada, un vistazo, un toque, una sonrisita o una palabra dicen mucho.

> La privacidad emocional es la intimidad que se desarrolla entre una pareja a lo largo de los años, por lo que una mirada, un vistazo, un toque, una sonrisita o una palabra dice mucho.

Hablando más seriamente, uno de los rasgos que caracterizan a un matrimonio unido es el entendimiento de que cierta información está prohibida para cualquiera que no sea nuestro cónyuge. Durante los momentos privados que compartimos juntos, deseamos ser libres para hablar de asuntos muy personales: nuestras esperanzas y temores, deseos y sueños, heridas profundas y fracasos lamentables. Esas confidencias que compartimos con nuestro esposo, y que nadie más sabe. Lo ideal es que seamos correspondidas. Una mujer no casada llama a este don un lujo que no tiene precio. Ella cree que muchas mujeres casadas dan por sentado que con nuestro esposo tenemos incorporada una caja de resonancia para la vida íntima que rara vez sacamos a la luz.

Ésta es una descripción de este tipo de intimidad: "Estas parejas han hablado... por treinta años o más... Pueden hablarse de maneras en que no pueden hacerlo con nadie más. Él puede contarle a ella algo bueno que hizo sin temor a que ella piense que está alardeando. Puede contar con su interés y comprensión".[2] ¿No le gustaría ser esa clase de esposa para su marido? A mí sí.

Tener un nivel de confianza que nos permita compartir nuestros secretos más íntimos, fortalece la intimidad y cercanía emocional en el matrimonio como ninguna otra cosa. La privacidad emocional es el lujo que no cuesta un centavo; sólo requiere que paguemos el alto precio de la discreción y el autocontrol.

Entre nosotras, muchachas, tenemos que admitir que por lo general somos nosotras las que hablamos indiscriminadamente. Conozco a algunos hombres que entran en esta categoría; pero debe haber una razón por la que la Biblia nos exhorta repetidamente a las mujeres a controlar nuestra lengua. Proverbios 11:22 nos pinta un cuadro poco atractivo de una mujer demasiado locuaz: "Como argolla de oro en hocico de cerdo es la mujer bella, pero indiscreta". De la misma forma, cuando nosotras como esposas no somos discretas, lo cual significa "mantenerse en silencio o preservar las confidencias cuando es necesario",[3] somos tan inútiles para nuestros maridos, y para cualquier persona, como un anillo de oro de catorce quilates en el hocico de un cerdo.

> La privacidad emocional es el lujo que no cuesta un centavo; sólo requiere que paguemos el alto precio de la discreción y el autocontrol.

Atesore la confianza

¿Alguna vez su esposo le ha contado algo en confianza, pero usted estaba segura de que a él no le importaría que usted lo comentara en su grupo de mujeres para orar? Confieso que lo he hecho. Por mi personalidad, soy mucho más abierta que Stu en asuntos personales. Quizás su esposo tenga varios asuntos que desea que queden entre ustedes dos. Algunos posibles candidatos son: los problemas de negocios, los asuntos financieros, su familia de origen, los problemas que los han llevado a consejería y los problemas de salud. Si usted, su esposo o ambos están yendo actualmente a terapia o están experimentando un momento difícil en su matrimonio, *no* comparta con nadie detalles que puedan tomarse como una ofensa contra su esposo. Por la dinámica de la consejería, es probable que su consejero le recomiende que tenga una pequeña red de amigos maduros y piadosos con la que ambos puedan hablar. Sin embargo, si usted desea que su esposo se sienta seguro a la hora de continuar la consejería, lo que suceda en las sesiones por lo general debería quedar allí. Repito, use su criterio para decidir qué debe discutir con un amigo de confianza y qué no debe revelar. Pregunte siempre a su esposo si le molesta que usted divulgue información concerniente a los dos antes de hacerlo.

Debido a mis compromisos para dar charlas, especialmente sobre el tema del matrimonio, Stu ha sido tremendamente gentil al permitirme compartir cierta información personal con personas completamente extrañas. Sin embargo, trato de asegurarme de que no vaya a pasar un mal momento por lo que digo acerca de él. En nuestros primeros años de matrimonio, cuando comenzaba a dar estudios bíblicos, Dios solía corregirme por medio de mujeres piadosas. Nuestro teléfono sonó más de una vez, y una mujer espiritualmente más madura estaba del otro lado, amonestándome dulcemente con amor por un deslizamiento en que mi lengua había incurrido.

Pregunte siempre a su esposo si le molesta que usted divulgue información concerniente a los dos antes de hacerlo.

Una de las mejores maneras que conozco para evitar irse de boca y sabotear la relación con su esposo es declarar en oración el Salmo 141:3: "Pon guarda a mi boca, oh Jehová; guarda la puerta de mis labios". Gracias a Dios, lo que no podemos hacer nosotros mismos —especialmente las personas muy conversadoras como yo— el Espíritu Santo puede hacerlo en y por medio de nosotros si se lo pedimos.

En algunos matrimonios, se ha violado esta confianza especial sobre lo que se dijo en privado. O alguien contó lo que le compartimos o, lo que es aún más devastador, o fue usado como arma contra nosotros en una pelea. Si usted se encuentra en esta situación, mi oración es que haga todo lo que esté en su poder para resolverlo inmediatamente. Si traicionó la confianza de su esposo, hable con él lo antes posible. Dígale sinceramente que lo siente, y pídale perdón. Si usted habló de más y ya lo ha decepcionado antes en esta área, pídale a su esposo que ore por usted. Dígale que está convencida de que ha minado la confianza en su relación, y que está dispuesta a hacer todo lo que sea necesario para restaurar la fe de él en usted.

Si fue él el que habló indiscriminadamente, perdónelo delante del Señor, y durante su conversación, señale con paciencia qué temas son "solamente para sus oídos".

Una pareja que conocemos incluía a un esposo bienintencionado, pero demasiado sociable. En varias reuniones sociales, sin querer se le escapaba información privada —generalmente sobre otras personas— que *no* debía haberse repetido. En cierto momento, varios amigos pidieron a la esposa que *no* contara a su marido lo que estaban a punto de decir. ¡Decírselo fue muy embarazoso! Gracias a Dios, su esposo entendió el mensaje. Mientras tanto, su esposa fue sumamente discreta en sus conversaciones con él, y no le revelaba todo lo que según su criterio podía provocar una situación embarazosa si llegara a filtrarse algo sin querer.

Si se proponen honrar la noción de privacidad emocional entre usted y su esposo, sus sentimientos de amor, intimidad y pasión del uno por el otro se profundizarán aún más, a medida que transcurren los años.

Demasiado unidos

¿Pero puede un matrimonio ser demasiado unido? Mi esposo y yo conocemos a varias parejas que trabajan juntas. Después de pintar casas o atender el negocio familiar durante todo el día, vuelven a su casa sólo para seguir juntos. Extraordinariamente, estos esposos y esposas son sumamente compatibles. Parece que nunca se cansan de estar en compañía de sus cónyuges.

Sin embargo, para algunas parejas, pasar demasiado tiempo juntos puede resultarles sofocante y apagar la chispa de su relación. En lugar de intentar hacerse tiempo para estar a solas con su marido, a estas mujeres les encantaría tener una hora para ellas. Puesto que cada vez es más la gente que trabaja desde su casa, las parejas pueden sentir que se la pasan juntas las veinticuatro horas los siete días a la semana. Si esta situación es nueva, cualquiera de las dos partes puede sentirla como pérdida de privacidad o de tiempo a solas.

Si su esposo está en casa todo el día y usted se pone fastidiosa, tómese un descanso y salga a caminar, corra en bicicleta, vaya a ver a una amiga: las posibilidades son innumerables.

¿Puede mantener encendida la chispa cuando está con su esposo todo el tiempo? La respuesta es sí, y para ayudarla, aquí hay algunos pequeños lujos que usted y su esposo quizás deseen darse.

Salga de su casa

Si su esposo está en casa todo el día y usted se pone fastidiosa, tómese un descanso y salga a caminar, corra en bicicleta, vaya a ver a una amiga: las posibilidades son innumerables. Incluso si tiene hijos pequeños, puede salir en la mañana y volver a casa con tiempo para que duerman su siesta. Sé que preparar a sus bebés y salir puede resultar mucho trabajo, pero cuando vuelva se sentirá tan renovada que valdrá la pena. Aún mejor, pídale a su esposito que cuide a los niños de manera que pueda tener una o dos horas de tiempo para usted.

Cuando nuestros hijos eran pequeños y el dinero prácticamente inexistente, uno de los pequeños lujos de la vida para mí era ir sola a la biblioteca. Como me gusta mucho leer, siempre me gustaba tener varios libros alrededor, pero me di cuenta de que no podía tomarme el tiempo de hojearlos cuando los niños venían conmigo. Entonces, cada dos semanas, me tomaba los sábados por la mañana para estar en la biblioteca. Quizás no parezca el colmo del lujo para algunas de ustedes, pero resultó algo notablemente terapéutico para mí. Volvía a casa calmada y con el brazo cargado de libros que me acompañarían en los días que tenía por delante.

Hágalo salir de la casa

Si está preparada para tener un tiempo de tranquilidad en casa, invierta la situación que describí antes y pídale a su esposo que lleve a los niños a algún lado. Muchas mujeres consideran el tiempo a solas en casa como un lujo. Después, cuando tenga ese tiempo, haga solamente aquello que recargue sus baterías y que la vigorice tanto emocional como físicamente. A algunas mujeres les gusta sumergirse en un baño de burbujas caliente, rodeadas de velas aromáticas y música relajante. Nuestras amigas orientadas a tareas pueden enfrentarse a un armario o un garaje desordenado, porque les encanta ordenar las cosas sin interrupciones. Como nos recuerda Alexandra Stoddard: "Belleza más orden es igual a energía".[4]

El tiempo que pasa a solas en casa es un excelente momento para ejercitar la creatividad. Si pinta, toca un instrumento musical, le gusta decorar o hacer álbumes de fotos, este tiempo será el colmo del lujo para usted. Pasar un tiempo de quietud con el Señor —adorándole, alabándole en voz alta, leyendo su Palabra o escribiendo en un diario de oración a Aquel que ama su alma— es el tiempo que más restaura.

O si no, pídale amablemente a su esposo que vaya a comprar algunos comestibles, que consiga algunas cosas en la farmacia o que vaya a la tienda de electrónica más cercana para reemplazar aquel teléfono que se rompió. También podría sugerirle que se encuentre con algún amigo para almorzar, que asista al desayuno semanal de oración para hombres o que haga ejercicio en el gimnasio local, si eso es lo que le gusta hacer.

Haga tareas en la casa

¿Y si la razón por la que están demasiado tiempo juntos es porque su esposo está sin trabajo? Sugiérale con dulzura algunas tareas significativas que pueden hacerse en casa. Debido a las particulares tensiones y presiones que surgen cuando un hombre está sin trabajo, sus sentimientos de estima hacia su esposo aumentarán si él logra algo para la familia. Además, se sentirá mejor consigo mismo.

Si su amorcito no está muy motivado para hacer arreglos en la casa, una forma de mantener encendida la chispa es recompensarlo por un trabajo bien hecho o incluso por haber empezado si es un proyecto grande. Las esposas suelen decirme que no logran que sus esposos hagan nada en la casa. ¿Mi respuesta? Páguele bien con moneda que él sabrá apreciar. Por eso es importante conocer el lenguaje de amor de su esposo.

Hay muchos lujos cotidianos de la vida al alcance de cada pareja casada, que podemos usar para bendecir al otro con sólo abrir los ojos y aprovecharlos.

Después de enseñar este consejito práctico en una clase de la iglesia, iba caminando por el pasillo el domingo siguiente cuando se me acercó un hombre de mediana edad. Sin presentarse, me dio la mano y, con una enorme sonrisa en el rostro, dijo: "Limpié el garaje este fin de semana". Volvió a darme la mano, y por nada del mundo podía darme cuenta de por qué me estaría contando semejante cosa. Nuevamente, mientras seguía sacudiendo mi mano, dijo aún más enfáticamente: "Limpié el garaje este fin de semana", y esta vez agregó: "¡Dos veces!".

Su esposa debe haber visto mi expresión de desconcierto, porque vino en mi auxilio y dijo: "¿Recuerda lo que nos enseñó en clase la semana pasada acerca de recompensar al esposo por una tarea que no querían hacer? Bueno, le dije a Paul que le daría una recompensa si limpiaba el garaje, y lo hizo ¡dos veces!".

No subestime el poder de recompensar los comportamientos que le gustaría ver más en su relación. Como seres humanos, respondemos con mayor facilidad a lo positivo y placentero que a lo áspero y negativo. Hay muchos lujos cotidianos de la vida al alcance de cada pareja casada que podemos usar para bendecir al otro con sólo abrir los ojos y aprovecharlos.

Prácticamente ausente

Aunque pueda parecerle que usted y su marido pasan demasiado tiempo juntos, hay también muchas circunstancias que hacen que nunca pasen juntos el tiempo necesario para cultivar la privacidad e intimidad que ansían. Una vez más, la etapa de la vida es un factor importante. Si está en la etapa de criar bebés y su esposo trabaja horas extra para que usted pueda quedarse en casa, quizás usted se pregunte cuándo van a poder terminar una conversación. O tal vez ambos trabajan a tiempo completo y viajan seguido. Si éste es su problema, el tiempo juntos flota lejos como un sueño distante.

Si los son niños pequeños y las interrupciones constantes, su matrimonio es como el clima de Colorado: cambia constantemente y es impredecible. Aun con la mejor de las intenciones, no puede planear momentos privados, porque los bebés y sus necesidades son imposibles de programar. Si el bebé se duerme mientras lo acuna y sus niños pequeños están fascinados mirando "Plaza Sésamo", tome las manos de su esposo entre las suyas y siéntese durante quince minutos para ponerse al día. Una de las claves de la intimidad emocional en cualquier relación, pero especialmente en el matrimonio, es el contacto frecuente y mantenerse al corriente el uno del otro. Si hace esto cuatro o cinco veces por semana, cuando tengan una noche de cita (¡observe que dije *cuando*, no *si*!), ya se habrá establecido un sentido de contacto del uno con el otro.

Los mismos principios se aplican si ambos trabajan todo el día. Querrán encontrar formas breves, simples de mantener la intimidad emocional con su maridito. Puede escribirle un correo electrónico para pedirle su opinión sobre un problema; puede enviarle un fax con una idea para una cita o (nuestro favorito) levantar el auricular del teléfono.

Como Stu pasa varias horas por día visitando a distintos clientes, pasa mucho tiempo conduciendo. Hace muchos años, nos dimos cuenta de que el teléfono celular era una excelente forma de mantenernos en contacto. En ocasiones, hablamos varias veces por día, dependiendo de nuestros horarios. Incluso, hemos aprendido a usarlo como medio apropiado para discutir cuestiones potencialmente volátiles. Si uno de nuestros hijos nos ha causado problemas, llamo a Stu temprano para informarle lo que está ocurriendo, así él puede orar y procesar a lo largo del día lo que le he compartido. Esto siempre resulta mucho mejor que darle de golpe la noticia cuando cruza la puerta cansado.

Repito, sea la experta en su marido. Usted conoce su personalidad; y él la suya, así que continúe experimentando hasta descubrir aquello que los mantiene a ambos conversando y conectados a lo largo de sus días.

Viajar puede resultar especialmente duro en un matrimonio a menos que hayan encontrado formas constructivas de sobrellevarlo. He entrevistado a mujeres cuyos esposos están fuera por lo menos el cincuenta por ciento del tiempo o más. Cada mujer ha mantenido un matrimonio fuerte y lleno de amor, a pesar de un esposo frecuentemente ausente. Había una esposa a quien le encantaba cuando su esposo viajaba, porque era una mujer hiperenergética y muy motivada. Dedicaba horas a su ministerio de escritora, se volcaba a proyectos en la casa y cuidaba a sus dos hijas.

Otra esposa luchaba con desesperación cuando su esposo aceptaba un trabajo en otro estado y estaba en casa sólo los fines de semana. Una de las mayores dificultades que enfrentaba era ser independiente cuando Greg estaba fuera y después volver a un rol más dependiente cuando él volvía a casa. Otros problemas incluían cuestiones de disciplina con los niños y volver a conectar con Greg. Durante la semana, Linda mandaba en su casa y tomaba decisiones por ella y los niños. Luego, Greg volvía a casa y quería que las cosas se hicieran diferentemente. Agregue a esto los pensamientos y sentimientos que se habrían discutido durante la semana si Greg hubiera estado en casa. Ella dijo que fue una de las épocas más estresantes de su matrimonio.

Entonces, ¿cómo puede un matrimonio permanecer junto y mantener la chispa incluso cuando su cónyuge no está? El esposo de Gladys ha viajado por asuntos de negocios la mayor parte de su vida de casados. Aquí nos ofrece estos consejos útiles para mantener encendido el fuego en el hogar:

- *Convoque una reunión familiar.* Antes de que su esposo se vaya, discuta toda cuestión que quiera tratar con los niños. Luego, como familia, déjenle decir lo que él espera que hagan mientras está fuera de casa.
- *Hablen todos los días.* Rick llama a Gladys cada noche que está lejos. Esto la ayuda a sentir empatía con esas particulares presiones que él pueda experimentar y también constituye una válvula de escape para ella. La mayoría de los hombres no son buenos para las conversaciones maratónicas; las sesiones breves les resultan mejor. Una plática diaria reconoce esta diferencia y los mantiene conectados. Hablar todos los días también ayuda a su esposo a combatir la tentación de volverse a la pornografía, la cual es muy fácil de conseguir en la mayoría de las habitaciones de hotel. Si su esposo no puede contestar el teléfono a una hora razonable, intente establecer un sistema de correo electrónico o fax para permanecer en contacto.

Mientras su esposo está ausente, haga una cosa —preferiblemente hablando el lenguaje de amor de él— que le diga: "Estuve pensando en ti mientras estabas lejos".

- *Tenga buenos pensamientos:* Si está enojada porque su esposo está lejos, es importante que cambie ese proceso de pensamiento. Recuerde que la mayoría de los hombres no disfruta de viajar, por lo que probablemente no la esté pasando mejor que usted. Nunca olvide que ustedes son un equipo y que cada uno tiene una tarea que hacer. Trate de concentrarse en el hecho de que él está viajando para proveer para usted y su familia y mantener el estilo de vida que eligieron. Recuerde que la otra cara de la moneda de su viaje podría ser el desempleo.

- *Dé gracias:* Cuando su hijo esté enfermo y el calentador de agua se rompa, recuérdese: "Las cosas que me están causando inconvenientes no son deliberadas de su parte". Gladys dice que algo que realmente la ayuda es darse ánimo con palabras como: "Rick no hizo que Katie se enfermara. No hizo que se descompusiera el calentador de agua".

- *Haga una cosa:* Mientras su esposo está ausente, haga una cosa —preferiblemente hablando el lenguaje de amor de él— que le diga: "Estuve pensando en ti mientras estabas lejos". Esto puede incluir ponerse al día con el planchado de su ropa, empapelar su estudio o cuadrar la chequera: cualquier cosa que le diga que lo extrañó. Cuando regrese, no sólo se sentirá atraído hacia usted, sino que también la ayudará a verlo a él de forma más positiva.

- *Planifique la reintegración:* Prepararse para recibir a su esposo de vuelta en casa es esencial para que la transición suceda sin problemas. Comience a preparar mentalmente a sus hijos diciéndoles: "¡Papá llega a casa esta noche!". Luego, planee con anticipación tiempo para estar ustedes dos a solas, así como también un tiempo de padre e hijos. Si tiene hijos más grandes, Gladys recomienda tener ese tiempo a solas cuando los chicos están en la escuela para que no se sientan que se lo quitan.

Ya sabemos que la vida siempre alterará ese perfecto equilibrio de la cantidad justa de tiempo juntos, así que no se enfade cuando no logre tenerlo. En lugar de eso, deléitese en el lujo de esos momentos, planeados o espontáneos, que reafirman la pasión y el compañerismo afectuosos que comparte con su marido. Ya que nos encanta cuando se dan esos momentos, veamos varias formas en las que podemos aumentar la posibilidad de que ocurran con más frecuencia.

Privacidad física

Una mañana después de enseñar en una clase para matrimonios basada en el libro *Creative Counterpart* (*Contraparte creativa*), de Linda Dillow, hablé con Mónica, quien me dijo con vacilación que el aspecto físico de su matrimonio no era todo lo que ella había esperado que fuera. Ella y su esposo no tenían ninguna otra cuestión crítica, y tampoco traían bagaje emocional de relaciones anteriores. Disfrutaban muchas de las mismas actividades de tiempo libre, y ella llevaba los libros del negocio que él tenía. Ella era una persona de trato fácil, y no luchaba con expectativas excesivas. Además, tanto Mónica como Jaime se esforzaban por demostrarse su amor el uno al otro de maneras significativas. En general, ella decía que tenían un gran matrimonio, así que no estaba segura de cuál era el problema.

Cuando hablamos un poquito más, dije: "Cuéntame acerca de donde vives". Resultó ser que su hijo de catorce años ocupaba la habitación contigua, y ambas cabeceras compartían la misma pared.

Se encendió una luz, y le dije: "Bueno, Mónica, ésta es tu tarea para la próxima semana. Olvídate de comprar un camisón sexy (que fue la tarea para el resto de la clase). En lugar de eso, ve a tu casa y cambia los dormitorios. Que la niña de cinco años se mude a la habitación que está al lado de la tuya, y que tu hijo adolescente vaya a la habitación que antes era de la niña al final del pasillo".

Después de compartir en detalle el resto de los cambios que quería que Mónica hiciera, le dije: "Hablemos la semana próxima después de la clase, para ver si te sirvió alguna de las sugerencias que te hice".

A la semana siguiente, cuando Mónica se acercó hasta mí después de la clase lucía *radiante*. "Denise", dijo, "¡no puedo creer que nunca se me haya ocurrido cambiar a los niños de habitación para que Jaime y yo pudiéramos tener más privacidad! ¡Pasamos una maravillosa semana juntos!".

¿Por qué es un lujo la privacidad física? Linda Dillow escribió una vez: "A nosotras, en Estados Unidos, se nos ha concedido todo lo necesario para desarrollar plenamente el talento de amar a nuestro hombre: tenemos privacidad, un lugar al que podemos llamar nuestro donde todo lo que se hace en privado es privado".[5] Linda y su esposo, Jody, sirvieron como misioneros durante varios años en Europa, y ministraron en países sometidos al comunismo. Muchas de las mujeres que conoció, vivían en apartamentos pequeños, sus familias completas apretujadas en dos habitaciones. Si existía algún dormitorio, los padres por lo general se lo daban a los hijos. No conozco a ninguna mujer que viva en condiciones que se asemejen lo que nuestras queridas hermanas soportan en estos países desfavorecidos. Comparados con el resto del mundo, los hogares en los que vivimos y nuestro acceso a la privacidad son un lujo que a veces damos por supuesto.

O, como mi amiga Mónica, pensamos que no tenemos privacidad, cuando en realidad es algo que está a nuestro alcance.

¿Es usted la misma esposa con la que él sale de vacaciones?

Las vacaciones son definitivamente un lujo, ¿no? Ya sea que vuele a Hawai por primera vez o que vaya a la montaña por unos días, las vacaciones son un lujo porque usted se toma un descanso del estrés, la tensión y el entorno de la vida cotidiana normal. Durante los primeros años de nuestro matrimonio, Stu solía comentar con frecuencia que yo era una mujer diferente cuando me llevaba de vacaciones o en un viaje romántico donde nos quedábamos a pasar la noche. Debido al diseño de nuestra casa y la presencia constante de cuatro niños pequeños, por lo general no me podía relajar y disfrutar a mi esposo, a menos que estuviera fuera de casa.

Cuando vivíamos en California, teníamos una casa de treinta y siete años de antigüedad y de 1,600 pies cuadrados (unos 170 m²) con paredes delgadas como una galleta. Nuestra habitación compartía una pared con la habitación de nuestras dos niñas, y la de los dos niños estaba a menos de tres pies (un metro) de distancia. Nuestros niños oían hasta si mi esposo y yo *respirábamos* fuerte. Como puede imaginar, nuestros momentos de intimidad juntos solían verse obstaculizados al saber que nuestros niños podían oír todo, incluso si a esa edad no se daban cuenta de lo que estaba pasando.

Además, como nuestra casa era más vieja, ninguna cerradura protegía la puerta principal del dormitorio. Entonces, antes de hacer el amor, Stu colocaba una silla y la afirmaba bajo la perilla de la puerta para asegurarse de que ninguna personita pudiera entrar. Por supuesto, ahora parece algo tonto: sólo deberíamos haber colocado una nueva cerradura en nuestra habitación. Pero no estoy casada con un hombre que se dé maña para los arreglos de la casa, y, obviamente, ninguno de los dos pensaba muy claramente en esos años.

Entonces, por gracia, Dios nos llevó a Colorado. Nuestra casa tiene un diseño según el cual la habitación principal está ubicada lejos de todas las demás habitaciones. No hay ninguna al lado ni debajo de la nuestra. No tenemos ninguna pared en común con ninguna de las habitaciones de nuestros niños, ¡hasta tenemos una puerta con cerradura! Mi esposo pensó que se había muerto y que estaba en el cielo, porque al fin me convertí en "la esposa de sus vacaciones" en la privacidad de nuestra propia casa.

¿Es usted la misma esposa en su casa que cuando sale de vacaciones con su esposo? ¿O, como yo, se siente inhibida en su relación física con él por miedo a que alguien oiga algo o por el constante temor a las interrupciones? La privacidad es esencial para realzar la intimidad en su matrimonio. Dediquemos un momento a considerar algunas formas en las que puede asegurar que usted y su esposo tengan la privacidad que necesitan para que su matrimonio sea puro fuego.

En la habitación

Asegúrese de que la puerta de su habitación se pueda cerrar con llave. Ya sea que tenga niños, invitados o amigos que se sientan como en su casa y entren sin pedir permiso, usted podrá relajarse cuando esté con su amante. En un rincón de su mente tendrá la seguridad de que nadie puede entrar en su habitación sin su permiso.

Después, si su habitación comparte una pared con alguna de la de sus hijos, mueva las camas de modo que las cabeceras no estén contra la misma pared. Mejor aún, ubique las camas de ambas habitaciones lo más lejos posible la una de la otra. Al igual que Mónica, cambie los muebles de lugar. Se asombrará de cómo unos pocos cambios simples crearán un mayor sentido de privacidad.

Como un invitado no deseado, la computadora y la televisión hacen sentir su presencia e invaden nuestro espacio personal.

Finalmente, si esto no desata la Tercera Guerra Mundial, saque la computadora o el televisor de su habitación si invade el tiempo que usted y su esposo pasan juntos. La tecnología moderna es una destructora de la privacidad que solemos pasamos por alto. Como un invitado no deseado, la computadora y la televisión hacen sentir su presencia e invaden nuestro espacio personal. Es difícil conectarse si usted está concentrada en un programa de entrevistas o él está visitando una página web recientemente actualizada. Si ambos son disciplinados respecto de estas maravillas electrónicas, las pueden dejar. Pero con frecuencia a uno de los cónyuges le cuesta más que al otro apagarlas y mantenerlas apagadas.

Una esposa de treinta y tantos años llamada Tamara captó el interés de su esposo y le hizo entender el mensaje de una forma muy inteligente, al pegar una nota autoadhesiva en el monitor de la computadora. Decía: "Enciéndeme a mí en lugar de la computadora". Él accedió con entusiasmo, y después de pasar una placentera tarde juntos, ella pudo contarle que se sentía como una "viuda computarizada" por todo el tiempo que él pasaba frente a la pantalla. Puesto que los hombres están diseñados para no tener más que una idea en la cabeza, es común que las esposas se sientan excluidas por ellos, ya se trate de la computadora, la televisión, el periódico, el último éxito de ventas o un instrumento musical (Stu puede extraviarse con su guitarra eléctrica durante horas). A través de las conversaciones y la oración, lleguen a un acuerdo mutuo con el que ambos puedan vivir al mismo tiempo que mantienen áreas de privacidad para ustedes dos en la habitación.

Hijos pequeños

Cuando hay niños pequeños en casa, el tiempo privado con su esposo se siente como el mayor de los lujos. Ahora que nuestros hijos son más grandes, Stu y yo nos damos cuenta de que en realidad era más fácil tener privacidad cuando eran pequeños. Si ahora tiene hijos pequeños, sé lo que está pensando: *Eso es imposible.* Pero veamos algunas razones por las cuales resulta más simple cuando son pequeños, y cómo hallar ese tiempo a solas para usted y su esposito.

Cuando sus hijos son bebecitos, la privacidad no es realmente un problema, porque no son lo suficientemente maduros para tener conciencia de muchas cosas excepto de su hambre y bienestar. Por lo general, los bebés duermen varias horas por día, y van a dormir a la tarde temprano una vez tienen pocos meses de vida. Como ve, en realidad sí tiene tiempo para estar a solas con su marido, ¡pero quizás se caigan de sueño el uno sobre el otro!

Los pequeños de uno a dos años de edad son mucho más activos e inquisitivos, pero de nuevo, probablemente ya estén en la cama a las siete u ocho de la noche. Conozco algunas mamás que me cuentan que sus hijos en edad preescolar no van a la cama hasta las nueve o las diez; pero usted puede cambiar eso (a menos que exista un verdadero problema físico o psicológico, por supuesto). Al igual que los adultos, los niños necesitan "relajarse" antes de dormirse. Al tener esto en cuenta, les permitimos por lo menos media hora tranquila para estar con mamá y papá, tiempo en que orábamos, leíamos en voz alta y estábamos muy acurrucaditos. También dejamos que se lleven libros a la cama, libros grandes de tapa dura cuando eran muy pequeños y menos robustos cuando fueron más grandes. La hora de ir a la cama nunca fue un problema en nuestro hogar, porque aprendimos a través de los años cómo hacerlo placentero para todos nosotros. Sea creativa a la hora de encontrar rutinas que funcionen para su familia a la hora de ir a la cama, y podrá disfrutar de noches tranquilas más a menudo.

Reserve al menos una noche por semana para estar a solas con su esposo.

Ésta es la época de su vida en que usted debe programar sus momentos de privacidad intencionalmente o si no desaparecerán por completo. Quizás piense: *¡Eso es tan poco romántico!* Y, en cierta forma, tiene razón. Pero es todavía menos romántico poner una relación indefinidamente en espera por causa de las muchas ocupaciones. En algunos casos, un matrimonio no sobrevivirá, y, en todo caso, su matrimonio de seguro no será puro fuego. Así que observe su calendario y sea decidida. Reserve al menos una noche por semana para estar a solas con su esposo. Y tenga ánimo; usted debería poder agregar más tardes o noches, a medida que sus hijos crecen y se hacen más independientes.

Otro consejo útil es aprovechar al máximo los distintos momentos del día en que se encuentran solos. Cuando los niños son pequeños, aprópiense de esos momentos en que están dormidos a la hora de la siesta. ¡O traten de ir a la cama a la misma hora que ellos! Siempre pueden levantarse más adelante, pero retirarse temprano con su marido a la privacidad de su propia habitación de vez en cuando es delicioso.

Cuando empieza la escuela

Una vez que sus hijos están en la edad escolar, usted tendrá momentos a solas mientras ellos están en clase, a menos que cursen la escuela en casaª. Invite a su esposo o casi, y él la amará por eso. Usted también se dará cuenta de que se siente mejor respecto a su relación. Nunca deje de buscar esas horas del día que cada uno pueda apartar para el otro, y luego ¡aproveche el momento!

Sólo una siesta

Mi esposo se crió en una familia del sur en la que la siesta del domingo era obligatoria. Además de querer honrar el concepto de observar el sábado, estoy segura de que al tener siete hijos, ¡la siesta del domingo era más una necesidad que un lujo para estos padres! Cuando nuestros hijos eran pequeños, volvían a casa exhaustos después de una mañana de escuela dominical. Almorzábamos, y después todo el mundo iba a su respectiva habitación a dormir. Ahora que nuestros hijos son adolescentes y adultos jóvenes, están tan acostumbrados a que mamá y papá duerman siesta los domingos, que no lo piensan dos veces. Pero probablemente sospechen que hacemos algo más que dormir.

Si es madre de niños pequeños, trate de incorporar incluso siestas cortas con su marido. De esa forma cuando los chicos son más grandes, como los nuestros, ya se han acostumbrado a la idea. Si tiene hijos más grandes, de todas formas usted y su esposo pueden comenzar una tradición de siesta, pero no se sorprenda por las miradas inquisidoras de sus adolescentes.

Hijos grandes

Esas risitas y miradas perspicaces de los adolescentes me traen al siguiente punto. Las mujeres con hijos más grandes a veces me dicen

---

Nota a la traducción:

a. home schooling: Programa educacional de Estados Unidos que permite instruir a los niños fuera de los establecimientos escolares, especialmente en el hogar.

que se sienten incómodas haciendo el amor con su esposo, a menos que todos sus hijos estén afuera o durmiendo. En nuestro hogar, ¡eso significa que Stu y yo sólo haríamos el amor entre la medianoche y las cinco de la mañana! No sé usted, pero yo no quiero que me toquen durante las horas en las que se supone que estoy teniendo mi sueño reparador.

Aunque usted no lo crea, a veces es más difícil hallar tiempo privado con su esposo cuando sus hijos son más grandes. Una noche reciente de entre semana, Susana y su esposo decidieron ponerse románticos; pero en cuarenta y cinco minutos, sus hijos jóvenes, que estaban en la casa, los interrumpieron cuatro veces. Si tiene en casa jóvenes adultos que tienen empleo y están en la universidad, usted sabe que sus horarios son locos.

En nuestra casa, a cada uno de nuestros hijos le gusta avisarnos cuando llegan en la noche. A menos que sea la medianoche de un viernes o un sábado, una vez que entraron, la primera parada es nuestra habitación para contarnos lo que hicieron esa noche. Estoy contentísima de que nuestros adolescentes todavía quieran hablar con nosotros, por lo que hacer el amor se ha vuelto bastante complicado a veces. A mí me resulta especialmente desconcertante, porque saben de dónde vienen los bebés y lo que hacen las parejas casadas.

> Aunque podríamos considerar las citas como un lujo porque son, para citar nuestra definición del principio, "placer considerado por lo general innecesario para la vida y la salud", los expertos están de acuerdo en que las citas son esenciales para la vida y la salud de un matrimonio enamorado y unido.

Todos estamos de acuerdo en que, cuando usted se da cuenta de que su hijo adolescente sabe lo que están haciendo, esto puede entorpecer los momentos románticos de intimidad con su esposo. ¡Uy! Eso es suficiente para que algunas mamás se detengan ahí mismo. Pero así como debe ser decidida a la hora de hallar tiempo para estar con el otro cuando la vida se acelera, las madres de hijos más grandes quizás necesitan cambiar su actitud respecto a su intimidad con su esposo. Si el cansancio físico es un obstáculo para usted cuando los niños son pequeños, su actitud puede convertirse en un impedimento mayor cuando son más grandes. En realidad, uno de los grandes regalos que podemos dar a nuestros hijos es una perspectiva saludable de los goces físicos del matrimonio.

El esposo de Keyla es un artista que trabaja fuera de su casa. Keila es madre de cinco hijos mayores. Un día durante las vacaciones de verano, mientras los cinco entraban y salían de la casa, Keyla se dio cuenta de que hacía mucho tiempo que ella y su esposo no disfrutaban de un tiempo de intimidad juntos. Keyla respiró profundo e invitó a su esposo a tomar una ducha (y más) con ella cerca del mediodía. Después de recuperarse del shock, aceptó gustoso y le encantó. Ella dijo que él no habló de otra cosa durante semanas enteras. Keyla me dijo que lo disfrutó mucho una vez que se metió de lleno en el momento. Pero primero, tuvo que reajustar su mentalidad y poner su relación con Gary por encima de la necesidad de sentirse cómoda.

Sea cual fuera la etapa de la vida en que se encuentre, usted debe permitirse a sí misma ensancharse y obligarse a salir de su zona de comodidad si realmente desea mantener una relación estrecha e íntima con su esposo.

Mini lujos: Las citas

Las citas son fantásticas cuando ustedes se están conociendo, ¿no es así? El teléfono suena y el hombre que usted esperaba oír está en la línea, invitándola a ir a algún lado o hacer algo con él. Una vez casados, esta diversión puede continuar, pero el tiempo que pasan juntos puede terminar en algo mucho más romántico que un beso de buenas noches en la puerta de su casa.

Aunque podríamos considerar las citas como un lujo, porque lo son, para citar nuestra definición del principio, "placer considerado por lo general innecesario para la vida y la salud", los expertos están de acuerdo en que las citas son esenciales para la vida y la salud de un matrimonio enamorado y unido.

Una vez casados, ¿qué *hacen* en sus citas? En el capítulo anterior, hablé acerca de las diferentes etapas de la vida de casados y de cómo ser la compañera de recreación de su esposo a lo largo de los años. Las citas con su esposo pueden seguir el mismo curso. Según la etapa de la vida en que se encuentren, sus citas pueden ser hoy diferentes a lo que serán dentro de cinco años.

A menos que se proponga sacar tiempo para una cita con su cónyuge y se asegure de que suceda, lo más probable es que no ocurra.

En su libro titulado *52 citas para usted y su pareja*, Dave y Claudia Arp dividen las citas para parejas casadas en varias categorías, al tener en cuenta presupuestos, etapas de la vida e incluso niveles de energía. Los autores escribieron acerca de citas reales que parejas reales habían tenido, yendo de una "Cita blanda" al alquiler de un barco de vela con otras dos parejas por una semana en las azules aguas cristalinas del Caribe.

La "Cita blanda" me hizo reír. Después de varios meses estresantes, esta pareja en particular se enteró de que uno de ellos tenía una úlcera y debía seguir una dieta blanda. Entonces, decidieron dedicar una tarde entera a la "blandura". Ambos se vistieron de color castaño claro y comieron pollo, arroz blanco, manzanas asadas y helado de vainilla. También escucharon música realmente lenta que los hacía sentir distendidos.[6] Lo que más me impresionó de esta pareja es cómo tomaron un momento desalentador de su matrimonio y lo convirtieron en un recuerdo creativo.

Para la mayoría de nosotras, las citas con nuestro esposo caerán en algún lugar entre estos dos extremos. Como con todo lo que mencionamos hasta ahora, a menos que se proponga sacar tiempo para una cita con su cónyuge y se asegure de que suceda, lo más probable es que no ocurra.

Cuando los niños son pequeños o sus horarios de trabajo la agobian, quizás no le quede mucho tiempo o energía para ponerse súper imaginativa en una cita. Si ésa es la situación en que usted y su esposo están en este momento, tómese unos minutos esta noche o ahora en el teléfono, para pensar juntos en tres citas que a cada uno de ustedes le gustaría tener en los próximos tres meses. Pueden ser tan simples como ordenar comida china y rentar un vídeo o disfrutar de una parrillada en el patio trasero de su casa cuando los niños se han ido a la cama. (Si elige esta segunda cita, asegúrese de tener un aperitivo para masticar, así ninguno se pone de mal humor por tener que cenar más tarde.)

Si están en un punto en la vida en que las circunstancias son un poco más fáciles y su tiempo y finanzas les han dado un respiro, cada uno de ustedes debería pensar al menos en una "cita de sus sueños" que le gusta-

Debemos darnos cuenta de que la responsabilidad de crear la atmósfera romántica que anhelamos, también puede recaer sobre nosotras.

ría. Una vez que tenga una idea de lo que desea su esposo, sea una magnífica esposa y dé el primer paso en planear la cita de sus sueños. Aunque la mayoría de nosotras desea sentirse transportada hacia una cita increíblemente romántica organizada por nuestro marido, si deseamos tener un matrimonio de puro fuego, debemos darnos cuenta de que la responsabilidad de crear la atmósfera romántica que anhelamos también puede recaer sobre nosotras.

En lugar de desanimarse por tener que encender la chispa de su matrimonio, pida al Señor que la ayude a tener una buena disposición y a hacer un esfuerzo para que su esposo se sienta amado. Generalmente, los buenos sentimientos que su cita genere también la alcanzarán a usted. Si, esperanzadamente, da un paso en dirección a llevar su relación hacia la intimidad y la pasión, su esposo comprenderá los beneficios y también hará su parte.

Una vez, Stu planeó una cita de un día entero. Comenzamos yendo de compras juntos para adquirir un juego de dormitorio. Ir de compras no tiene prioridad en su lista de cosas divertidas, pero él sabe cuánto me gusta buscar artículos costosos con él. Almorzamos en un pequeño restaurante muy agradable. Después, Stu me sorprendió al llevarme a una galería de arte de Thomas Kinkade.

Fue uno de esos días perfectos del matrimonio que todas desearíamos que sucedieran más seguido. Me sentí muy amada y cuidada, porque Stu puso mis preferencias y placer por encima de los suyos. Si difieren en gustos, lo ideal sería que esposo y esposa tomen turnos para tener sus citas favoritas. Pero si a usted y su esposo les gustan las mismas cosas, no tendrán que esforzarse mucho para pasarla bien juntos. Recuerde, lo que importa es que sea algo que funcione mejor para ustedes dos y aumente el gozo y la intimidad física y emocional en su matrimonio.

Las citas de casados son mucho mejores que las de solteros, porque tiene el lujo de la bendición de Dios para disfrutar su relación física al máximo. Poder consumar la risa, los secretos compartidos y los recuerdos, como acaba de hacerlo en su cita expresándose sexualmente su amor, es uno de los más hermosos regalos que Dios dio al esposo y la esposa. No omita el final perfecto de una noche o un día perfecto, pasado en mutua compañía. Podría ser la parte más preciosa de su tiempo juntos.

El mayor de los lujos

Lo máximo en privacidad y lujo es irse de viaje como pareja con el único propósito de relajarse y disfrutar el uno del otro. Estas escapadas pueden ser de una noche o dos, o más si su tiempo y presupuesto lo permiten. Incluso puede planear una escapada romántica en su propia casa, especialmente si tiene familia o amigos a los cuales encomendar el cuidado de los niños por un fin de semana. Pero, para que un encuentro en casa sea un éxito, ambos deben ser disciplinados en hacer a un lado las cosas de la casa y no atender el teléfono.

Dependiendo de cuán larga sea la escapada, trate de no ocupar el tiempo con demasiadas compras o visitas a los lugares de interés, a menos que esto sea una prioridad para ambos. En lugar de eso, dejen que éste sea un tierno momento de concentrarse en el otro y de redescubrir en su relación la chispa que los unió al principio.

Para ayudar a que sus conversaciones sean más profundas de lo que serían de otro modo, vaya a su librería cristiana local y compre un libro con preguntas específicas que las parejas casadas puedan hacerse el uno al otro. (Vea los modelos para iniciar conversaciones en la parte final del libro. Si usted y su esposo necesitan ponerse al día, comiencen con las preguntas menos intimidantes. Si todo sale bien, ambos se sentirán en libertad para abrirse el uno al otro, a medida que pasen más tiempo juntos.)

Danny y Elizabeth partieron a un cámping en su casa rodante como viaje de fin de semana. Cada día, caminaban por un sendero distinto, jugaban "Scrabble" por las tardes, y disfrutaban de cenas románticas a la luz de las velas en restaurantes locales. Danny dijo que fue uno de los mejores fines de semana que pasó con Elizabeth. Ambos volvieron enamorados, renovados, y listos para enfrentar la febril competitividad de la vida diaria.

Si a alguno de los dos le gustan las sorpresas, uno de ustedes puede hacer todo el plan y raptar al otro. Sólo asegúrese de que ambos tengan todo lo que necesitan para un fin de semana inolvidable. Por razones de trabajo y otras de logística, tal vez no sea posible una salida sorpresa. Está bien. ¡Muchas veces la expectativa de una escapada de fin de semana es tan divertida como el viaje en sí! Saber que le espera un mini viaje con su esposito puede hacer que logre atravesar montañas de ropa para lavar y plazos agobiantes.

Cuando doy mi charla "Puro fuego", me asombro al ver el número de esposas que me dicen que su hombre las invita asiduamente a salir, pero ellas no dejan sus trabajos, perros o hijos. Y cuando digo hijos, no estoy hablando de amamantar a un bebé. Sus hijos duermen toda la noche, ya no usan pañales, y muchos ya están en edad escolar. ¡Debería darnos vergüenza! Debemos agradecer que nuestro esposo quiera que vayamos con ellos a su último viaje de negocios o su aventura en la nieve. Mi consejo para estas mujeres es: ¡VAYAN! Deje a los niños (o a los animales) con gente de confianza, y haga feliz al hombre de su vida. Aunque ame a sus hijos con todo su corazón, no deje que se conviertan en una excusa para no amar a su esposo.

"Aunque ame a sus hijos con todo su corazón, no deje que se conviertan en una excusa para no amar a su esposo."

Un año, cuando nuestros hijos eran pequeños, Stu decidió que quería viajar a la Bahía Monterrey para su cumpleaños. Como teníamos tantos hijos, contratamos a dos chicas jóvenes de la iglesia para cuidarlos. Pasamos un fin de semana fantástico; un tiempo maravilloso en el que pudimos conectarnos, relajarnos y explorar esta comunidad costera. Cuando regresamos a casa, las dos chicas nos recibieron en la puerta con los brazos abiertos. Estaban tan contentas de vernos y de devolvernos el cuidado de nuestros pequeños.

Pregunté: "Bueno, ¿cómo les fue?".

Ellas respondieron: "Sr. y Sra. Vezey, no entendemos cómo lo hacen. Por favor, no se enojen, pero el sábado a la hora de la cena estábamos tan exhaustas que adelantamos una hora todos sus relojes y les dijimos a los niños que eran las ocho y que debían ir a la cama, ¡cuando en realidad eran las siete!".

Todos nos reímos un buen rato, y me alegré de haber traído un regalito para ellas. Comparto esta historia con usted porque quiero animarla y decirle que nadie se murió, que todos sobrevivimos, y que nuestro matrimonio creció, porque decidí irme con mi esposo en lugar de quedarme en casa con los niños.

Espero que usted haga lo mismo.

Liberada para amar

Y conocerán la verdad, y la verdad los hará libres.

Juan 8:32

C arolina estaba sentada frente a mí y lloraba. Le temblaban los hombros al mismo tiempo que las lágrimas le corrían por las mejillas. "Denise", dijo con voz temblorosa, "quiero intimidad y pasión en mi matrimonio. Quiero tener con mi esposo todas esas cosas de las que hablaste esta mañana, pero debo tener algún problema. En realidad, no me siento unida a mi marido ni tampoco disfruto las relaciones sexuales con él como sé que debería. Creo que es porque...".

Casi siempre que doy la charla titulada "Secretos para tener un matrimonio de puro fuego", se recrea esta escena. Las razones que una mujer puede dar de por qué le disgusta el sexo o evita la intimidad emocional con su esposo varían, pero el común denominador es el dolor y el sufrimiento. Muchas mujeres preciosas han sido profundamente heridas por las filosas circunstancias de la vida. Por fuera, estas esposas tratan desesperadamente de honrar los mandatos bíblicos para el matrimonio, pero por dentro, su corazón está destrozado y ensangrentado.

Si ha leído hasta ahora y no se puede identificar con lo que estoy describiendo, por favor, no salte esta sección. Usted es una mujer afortunada si el filo del dolor no ha arrancado un trozo del tejido de su vida. Pero estoy segura de que conoce a *alguien* que sí necesita lo que está escrito aquí. Puede ser una compañera de trabajo, una amiga, su hermana o hasta su propia hija. Prácticamente, cada una de las mujeres de nuestra cultura fue tocada —o conoce a alguien que fue impactada— ya sea por el trauma emocional causado por abuso sexual o consecuencias físicas e intenso conflicto espiritual, debido a la conducta inmoral.

Si se halla en alguna de estas situaciones, la información de este capítulo podría resultar abrumadora para usted. Algunas de las personas que han revisado este material conmigo en el pasado, sugieren leer las oraciones y los materiales con una amiga o mentora de confianza —una que pueda ayudarla a trabajar paso a paso toda emoción turbadora que pueda aflorar. Mi oración por usted es que a medida que camine con otras mujeres que compartan su dolor, descubra la verdad liberadora del Secreto 5: Jesucristo quiere hacerla libre para amar.

Secreto 5

¿Le gustaría esperar con ansiedad los momentos de intimidad física con su esposo? ¿Siempre supo que debía haber algo más de lo que usted está experimentando en este don de Dios que es el acto sexual? Quizás usted y su cónyuge son compatibles físicamente, pero lo que falta es una fuerte contracorriente de conexión emocional. Veamos algunas áreas claves que necesitan la intervención de Jesús y su Espíritu Santo en nuestra vida, para promover la sanidad y crear la relación matrimonial amorosa y saludable que todos deseamos.

Bagaje del pasado

Por desgracia, nuestra generación se distingue lamentablemente por quebrar de manera flagrante las pautas morales que gobernaban nuestra sociedad y la mayoría de los individuos. La generación previa fue la última en la que la mayor parte de la gente adoptó a enseñanzas morales estrictas, aunque la persona no fuera cristiana. Hace menos de cuarenta años, participar en una relación sexual sin haber contraído matrimonio estaba muy mal visto; tener un hijo fuera del matrimonio era escandaloso. En efecto, la humillación era tan grande que a las mujeres se las enviaba lejos durante sus embarazos y no se reinsertaban en la sociedad hasta que sus bebés habían sido dados en adopción.

Sabemos que hoy éste no es el caso. En nuestra cultura saturada de sexo, ver parejas sin casarse, que conviven, es tan común que el Departamento de Censos de los Estados Unidos dice que esta situación es la del 9 por ciento (o 4.9 millones) de las familias de nuestro país.[1] Lo que resulta aún más inquietante es el 26 por ciento que son madres solteras, y que crían a sus hijos sin padres.[2]

Por este cambio moral, muchas mujeres entran al matrimonio con un bagaje emocional, espiritual, y a veces físico, de relaciones anteriores. A veces, eligieron manosearse o tener relaciones sexuales con sus novios. En otras ocasiones, fueron aún más allá de los límites, y experimentaron con diferentes estilos de vida sexual o promiscuidad. Y aquellas mujeres que sintieron que no les quedaba ninguna alternativa más que abortar a un bebé, la vida entera no parece suficiente para borrar la angustiosa culpa y el constante tormento de saber que terminaron con la vida de su hijo.

Nuestro primer pasito en el camino hacia la libertad es pedir perdón a Dios por las elecciones pecaminosas que nos envilecieron y mantuvieron alejados de la suprema voluntad de Dios de que permanezcamos sexualmente puros hasta el matrimonio.

¿Cómo podemos responder a estas montañas de dolor? Para empezar, vamos a alabar a Dios, porque en Él somos perdonadas por el pasado y podemos encontrar la libertad que necesitamos con tanta desesperación. El Señor nos dice en Isaías 61:1 que Él envió su Espíritu para "sanar los corazones heridos, a proclamar liberación a los cautivos y libertad a los prisioneros". Si Dios prometió algo, no me quiero conformar con menos.

El camino de la sanidad

Nuestro primer pasito en el camino hacia la libertad es pedir perdón a Dios por las elecciones pecaminosas que nos envilecieron y mantuvieron alejados de la suprema voluntad de Dios de que permanezcamos sexualmente puros hasta el matrimonio. Si todavía no ha hecho esto o no recuerda si lo hizo, por favor, tome un momento ahora mismo y pida al Señor que la perdone por pecar contra Él de esta forma. Puede ser una oración simple. Lo que a Dios le importa es que tengamos un corazón arrepentido, que sólo viene cuando nos damos cuenta sinceramente de que al no haber reservado nuestro cuerpo para nuestro marido, pecamos contra el Señor y nuestro cónyuge.

En esta misma línea, el siguiente paso es perdonar a la pareja o parejas con las que estuvimos sexualmente involucradas. Muchas mujeres han compartido que, en realidad, no hubieran querido involucrarse tanto físicamente con sus novios anteriores, pero se sentían presionadas para estar sexualmente activas o tenían miedo de perder la relación si no lo hacían. No estoy diciendo que esto justifique nuestras acciones, pero explica la razón por la que muchas mujeres cruzaron una línea que nunca quisieron traspasar.

Nuevamente, basta con una oración simple. Fíjese que dije simple, no necesariamente fácil. Nuestros pensamientos y emociones pueden ser una fuerza poderosa para resistir una orden directa. Pero Cristo nos pide que perdonemos a otros como nos gustaría que nos perdonen a nosotros.[3] Tal vez hasta debamos extender este perdón a nuestro propio marido. Muchas esposas fueron demasiado lejos físicamente con su esposo antes de casarse. Aunque usted estuviera comprometida, Dios no aprueba el sexo fuera de la relación matrimonial

(Dt. 22:23-24). Si su esposo parece abierto a la idea, podría compartir con él la importancia de buscar el perdón de Dios y del otro, y preguntarle si está dispuesto a orar con usted.

Quizás también le resulte útil escribir una nota o carta a la persona que va a perdonar. Enviarla o no es una decisión personal que va a tomar después de mucha oración y consejo sabio. Cualquier cosa que decida hacer, el acto mismo de escribirla es sanador de muchas maneras. Puede ayudarla a clarificar sus pensamientos y expresar más completamente sus sentimientos; asimismo le da un registro escrito de qué y a quién perdonó, al igual que las intenciones de su corazón, por si alguna vez duda de la sinceridad de su perdón.

Corrientes más profundas

Más adelante, en este mismo camino, está nuestra necesidad de pedir que el Señor tenga misericordia y nos perdone si hemos abortado. Me lamento muchísimo por todas aquellas mujeres que enfrentan este dolor cada día. Si usted es una de ellas, quiero detenerme aquí y animarla con esta hermosa Palabra de Dios: "Nada, ni lo más alto, ni lo más profundo, ni ninguna otra de las cosas creadas por Dios. ¡Nada podrá separarnos del amor que Dios nos ha mostrado en Cristo Jesús nuestro Señor!" (Ro. 8:39, DHH). ¡*Nada*! Tampoco ningún pecado que hayamos cometido, ningún problema que enfrentemos, ningún mal contra nosotras, y ninguna de las peores artimañas de Satanás. Nada impedirá que Dios nos ame, se acerque a nosotras, y se preocupe por nosotras cuando estamos conectadas con Él a través de Jesucristo.

Nada impedirá que Dios nos ame, se acerque a nosotras, y se preocupe por nosotras cuando estamos conectadas con Él a través de Jesucristo.

Aunque el padre del bebé que usted abortó haya sido su esposo, por favor, no deje que nada impida que ambos se acerquen a Dios con humildad y le pidan perdón. Hayan actuado por ignorancia o con pleno conocimiento, pueden experimentar restauración, paz y aun gozo.

Entiendo que ésta es una sección terriblemente corta para una cuestión sumamente emocional y compleja. Por lo tanto, si usted o alguien que conoce desearía recibir consejo más profundo para esta área tan sensible, al final del libro he incluido una lista de recursos que le pueden servir de ayuda.

Obstáculos en el camino

Mientras continuamos nuestro viaje, uno de los mayores obstáculos para la sanidad puede ser no perdonarnos a nosotras mismas. Tendemos a creer las mentiras de Satanás y nuestro propio diálogo interior negativo: "Soy indigna; no puedo ser amada. Soy demasiado mala".

> Si le ha pedido perdón a Dios genuinamente por todo lo que recuerda sobre su pasado sexual, cada hecho en el que usted participó quedó borrado por completo.

Sin importar lo que le digan sus sentimientos, usted es preciosa para Dios. Es imposible expresar esto con suficiente intensidad. Ésta es una verdad a la que podemos anclarnos: "Si confesamos nuestros pecados, él es fiel y justo para perdonar nuestros pecados, y limpiarnos de toda maldad" (1 Jn. 1:9, RV60). Si genuinamente ha pedido perdón a Dios por todo lo que recuerda sobre su pasado sexual, cada hecho en el que usted participó quedó borrado por completo. Ante sus ojos, usted está tan limpia y sin mancha como un lienzo nuevo, intacto a la espera de la mano del artista.

Cuando se sienta asediada por pensamientos de reproche, aquí tiene algunas verdades inspiradoras de la Palabra de Dios para darle aliento:

Cuando me siento	La verdad es que	Por qué es verdad
Indigna e inaceptable	Soy aceptada y digna.	Ro.15:7; Sal. 139
Deprimida y sin esperanza	Tengo toda la esperanza que necesito.	Ro. 15:13; Sal. 16:11; 27:13
Imperfecta/no lo suficientemente buena	Soy perfecta en Jesús.	Heb. 10:14; Col. 2:13
Atada	Soy libre en Jesús.	Sal. 32:7; 2 Co. 3:17; Jn. 8:36
Culpable	Estoy completamente perdonada y redimida.	Sal. 103:12; Ef. 1:7; Col. 1:14; Heb. 10:17
No amada	Soy amada.	Jn. 15:9; Ef. 2:4; 5:1; 1 Jn. 4:10
Condenada	Soy inocente.	Jn. 3:18; Ro. 8:1
No puedo acercarme a Dios	Tengo acceso directo a Dios.	Ef. 2:6; 1 P. 2:5, 9

Si ha estado batallando con pensamientos como los que están en la columna uno, éste es un buen lugar para descansar en el camino. Deténgase y alabe a Dios por el perdón completo que tenemos en Él y por la libertad emocional, espiritual y física que sólo Él puede dar.

Desvíos físicos

Las enfermedades de transmisión sexual (ETS) son otro problema angustiante del pasado que potencialmente puede afectar el fuego de la pasión en la relación con su marido. Algunas mujeres, y hombres, acarrean las repercusiones físicas de sus encuentros sexuales por el resto de su vida. Varias mujeres que conocí dijeron que el virus del herpes que contrajeron rige las relaciones sexuales con sus esposos hasta este día. Aun más aleccionadoras son aquellas historias angustiantes de salvación milagrosa cuando nacen bebés mientras el virus está activo, o las tristes historias de esposas que contrajeron enfermedades de transmisión sexual de su esposo porque antes fueron promiscuos.

No soy doctora y, por tanto, no estoy calificada para discutir los últimos tratamientos para la variedad de las ETS que asolan nuestra cultura. No obstante, si en el presente las repercusiones físicas de un pasado inmoral están apagando el fuego de una relación apasionada, mi corazón se duele junto con el suyo. Si en su matrimonio se dan estas condiciones, espero que usted y su esposo ya hayan consultado a un médico y que estén haciendo todo lo posible para potenciar su salud al máximo. Trate de no desanimarse. Aún pueden encontrar esperanza y sanidad para ambos con un tratamiento y a través del Señor. Pero quizás usted deba ajustar sus expectativas y abandonar el ideal que alguna vez tuvo en cuanto a la relación sexual con su esposo.

El meollo del asunto

Hay mujeres que están leyendo esto, a quienes el perdón y la sanidad física no les resultan suficientes para arreglar lo que está faltando en sus relaciones sexuales y emocionales con su esposo. ¿Qué más hay? La respuesta está en cómo Dios nos diseñó física, emocional y espiritualmente.

> El sexo no es simplemente piel sobre piel. El sexo es tanto un misterio espiritual como un hecho físico. Como está escrito: "Los dos serán como una sola persona". No debemos buscar la clase de sexo que elude el compromiso y la intimidad, dejándonos más solos que nunca: el tipo de sexo en que jamás "serán como una sola persona". En el pecado sexual, violamos lo sagrado de nuestro propio cuerpo, unos cuerpos que fueron hechos para el amor dado y representado por Dios, para "ser como una sola persona" con otro. (1 Co. 6:16-18, MSG, traducción directa, con base en DHH.)

John y Paula Sanford, consejeros cristianos de muchos años y coautores de varios libros, tienen esto para decir acerca de dichos versículos:

Dios creó a los esposos y las esposas para ser una sola carne en santa unión, según Génesis 2:24 y Efesios 5:31 (RV60): "Por esto, dejará el hombre a su padre y a su madre, y se unirá a su mujer, y los dos serán una sola carne." Cuando dos se funden en una sola carne en santa unión, sus espíritus se acercan y se apegan el uno al otro porque fueron creados para eso. Los hombres y las mujeres que han estado involucrados en fornicación (sexo fuera del matrimonio) y adulterio (cuando una o ambas partes están casadas con otras personas) se encuentran en pecaminosa perversión del propósito de Dios. No tienen su permiso (para unirse sexualmente) ni su bendición en el matrimonio, pero esto no impide que sus espíritus se acerquen y se apeguen el uno al otro, porque para esto fueron creados.[4]

Cada vez que usted tiene un encuentro sexual o un contacto físico íntimo fuera del estado de matrimonio establecido por Dios, no sólo están involucrados su cuerpo y sus emociones. Su espíritu también queda afectado. La verdad que está detrás de este versículo de "los dos llegarán a ser una sola carne" es que no sólo sus cuerpos llegarán a ser uno, sino que sus mentes, emociones y espíritus también lo serán, ¡quiéralo o no! Quizás su espíritu todavía continúe atado a individuos con los que tuvo encuentros sexuales, aunque ya no esté conectada emocional o físicamente con esas personas.

Comprendo que esta enseñanza puede ser difícil de entender. Si no hubiera visto tanto éxito al ayudar a mujeres a ser libres para amar a su esposo con un corazón y un espíritu

> La verdad que está detrás de este versículo de "los dos llegarán a ser una sola carne" es que no sólo sus cuerpos llegarán a ser uno, sino que sus mentes, emociones y espíritus también lo serán.

íntegros, no la habría incluido. Pero como lo hice, me siento obligada a compartir con usted este concepto poco conocido.

Con esto en cuenta, lea la siguiente lista de marcadores que la ayudarán a determinar si una experiencia sexual del pasado suyo o de su marido está impactando negativamente su matrimonio en el presente.

- *Una relación física insatisfactoria.* Si uno de ustedes fue promiscuo o sexualmente activo y la monogamia física del matrimonio le resulta aburrida, eso podría ser un indicador de sanidad incompleta y una necesidad de separación espiritual de relaciones anteriores.
- *Sueños recurrentes de amantes pasados, incluso de aventuras de una noche.*
- *Una atracción emocional que perdura en el presente o idealización de una relación previa.* Es un fenómeno común y explica cómo las parejas que no se han visto durante años pueden encontrarse otra vez y reconectarse instantáneamente, aunque ambos tengan matrimonios comprometidos y estables.

Sheila es un buen ejemplo de una esposa que experimentó estas ataduras espirituales y que no tenía idea de qué estaba sucediendo o por qué. Siendo una esposa devota y una madre cariñosa, no podía entender por qué no disfrutaba realmente las relaciones físicas con su marido y, lo que resulta aún más inquietante, por qué soñaba frecuentemente con un novio anterior que no le importaba en absoluto. Sheila había pedido perdón a Dios por haber llegado demasiado lejos con este muchacho en la secundaria, pero él seguía invadiendo sus sueños por la noche.

Le aseguré a Sheila que no estaba sola. La maravillosa noticia es que con la ayuda de Dios, usted también puede romper las cadenas espirituales que la atan a su vida anterior.

Su mapa y guía

Si va a ir a algún lugar a donde nunca fue antes, no pensaría en salir sin un mapa de carreteras, a menos que viajara con alguien que conociera el camino y se ofreciera a ser su guía. Esta sección contiene varias oraciones que pueden servirle de mapas o guías en su viaje hacia la sanidad. Lo mejor de todo es que el Espíritu Santo será su guía, totalmente dispuesto a guiar y ayudar, por lo que no tendrá que hacer este viaje sola.

Lo que sigue son algunas instrucciones generales para todas las oraciones: para comenzar, asegúrese de orar en voz alta. Además, asegúrese de hacer una oración por separado por cada persona con la que estuvo involucrada. También, si ora sinceramente y no nota ninguna diferencia en su vida, quizás podría invitar a una amiga o mentora devota y madura para que ore con usted. Jesús nos prometió en Mateo 18:19-20: "Además, les digo que si dos de ustedes en la tierra se ponen de acuerdo sobre cualquier cosa que pidan, les será concedida por mi Padre que está en el cielo. Porque donde dos o tres se reúnen en mi nombre, allí estoy yo en medio de ellos". A veces, especialmente cuando existe un lazo poderoso de una relación previa, le ayudará tener a otra creyente que ore con usted.

Esta primera oración es para romper toda atadura espiritual con toda aquella persona con quien usted eligió tener contacto sexual fuera del matrimonio. Esto también incluye toda relación homosexual. Si cometió un pecado sexual con su marido, omita todas las frases como "romper la unión espiritual", "conceder libertad espiritual" y "devolver el espíritu". Usted *desea* sentirse fuertemente unida a su marido, no desconectada.

La primera vez que enseñé este material en un estudio bíblico para mujeres, la vida de dos de ellas cambió para siempre, porque decidieron reconocer y creer que estas oraciones podían serles útiles.

Bárbara era una mujer franca de tipo A. Cuando mencioné que estaría dispuesta a orar después de la clase con todas las que quisieran, saltó de su asiento y fue la primera de la fila. Fuimos a un lugar apartado del santuario, y la historia de su vida se derramó ante Cristo con cada desgarradora repetición de la oración.

"Señor, perdóname y sepárame de todos los hombres que fueron mis novios [nombró a seis en total] con los que tuve relaciones sexuales repetidas veces. Señor, perdóname y separa mi espíritu de _____, con el que conviví durante diez meses. Señor, perdóname y separa mi espíritu de _____ y de _____, la pareja con la que sostuve un triángulo amoroso. Señor, perdóname por haber tenido un encuentro homosexual con _____."

En cierto punto, levantó la vista y me miró, tenía los ojos rojos e hinchados por las lágrimas. "Me siento tan avergonzada, me siento tan avergonzada." La abracé dulcemente y dije: "Bárbara, Satanás quiere mantenerla avergonzada, porque no quiere que sea libre. Quiere que siga encadenada a esos amantes del pasado y que se sienta condenada para siempre, para alejarla de todo lo que Dios tiene para usted, y evitar que sea la mujer que Él desea que sea, que le traiga gloria y sea útil en su reino."

Satanás quiere mantenerla avergonzada, porque no quiere que sea libre.

Bárbara continuó orando por los nombres de su lista, hasta cubrir a todos aquellos con quienes había tenido intimidad. Cuando terminó, nos abrazamos. Bárbara me dijo que sentía como si se le hubiera caído de los hombros una roca de mil libras. Gloria a Dios.

Rita, quien, de hecho, era la mejor amiga de Bárbara, era el polo opuesto. Una mujer callada, tranquila y segura de sí misma, Rita tenía una belleza natural que se irradiaba desde su rostro sin adornos. Como enseñé ese día, yo no tenía idea de quién necesitaba los conceptos que compartí. Sin embargo, la mañana siguiente recibí un llamado de Rita.

"Denise", comenzó, "cuando se ofreció a orar con nosotras en clase lo pensé por un minuto, pero tenía demasiada vergüenza como para que otras mujeres supieran que yo necesitaba alguna de esas oraciones. Pero fui a casa y oré en voz alta por cada novio que había tenido antes de Frank [su esposo]. En realidad, fueron solamente dos, pero llegué hasta el final con ellos. No le conté a Frank acerca de lo que había orado; sólo lo llamé a su teléfono móvil, y le dije que cuando llegara a casa lo estaría esperando".

"Esa noche, me puse un camisón sexy que él me había regalado un tiempo atrás. ¡Debería haber visto como se le iluminó la cara cuando se dio cuenta de que me había quedado despierta esperándolo para *eso*! Fue la *mejor* noche que jamás hayamos tenido. Cuando terminamos, Frank me miró y dijo: "Guau, ¿qué pasó?". Entonces, le conté de nuestra clase y de la oración que había hecho para separarme de mis antiguos novios. Me dio un gran abrazo y me dijo lo feliz que estaba, y me preguntó si él también podía hacer esa oración por una novia con la que había estado sexualmente.

"Denise, por primera vez me sentí completamente libre de mi pasado cuando hicimos el amor. Ningún fantasma de amantes del pasado ensombreció lo que mi esposo y yo compartimos. Gracias, gracias, gracias."

Si necesita hacer esta oración, que pueda sentir la presencia del Señor y cómo Él se complace mientras avanza en la siguiente parte de su viaje.

Oración de separación por contacto sexual fuera del matrimonio

Querido Padre celestial:
   Sé que he pecado y te ofendí cuando cometí inmoralidad sexual por (nombre de la ofensa) con (nombre de la persona). Entiendo que por este acto sexual, uní mi espíritu con el de _____. Te pido que me perdones por (la ofensa) y que rompas esta unión espiritual con _____. Concédeme libertad espiritual de _____ y restituye mi espíritu. Pido que al regresar a mí, mi espíritu sea limpio por la sangre de Jesús. Ruego que la puerta del pensamiento y la acción sensuales hacia _____ se cierre para siempre. Querido Dios, hazme espiritualmente íntegra otra vez. Oro por fe, a través del poder de Jesucristo. Amén.[5]

¿Estoy teniendo una aventura?

Esta misma oración se puede usar con unos pocos cambios si ha creado un vínculo emocional con alguien que no es su esposo. En la comunidad cristiana, esto es más común que las aventuras físicas, porque sentimos que no hemos "cruzado la línea" y cometido adulterio propiamente dicho. Pero según las palabras de Jesús, esto no es verdad. Él nos advirtió en el libro de Mateo: "Moisés también dijo: Sean fieles en el matrimonio". Pero ahora yo les aseguro que si un hombre mira a otra mujer y desea tener relaciones sexuales con ella, ya fue infiel en su corazón" (5:27-28 BLS).

Como mujeres, no tendemos a sentirnos atraídas hacia alguien solamente por el aspecto físico. Por lo general, el otro hombre está satisfaciendo una necesidad emocional que su esposo no está llenando de modo satisfactorio. Quizás tiene modales excelentes, siempre le abre la puerta o le pregunta amablemente cómo está. Tal vez es sensible, sabe escuchar, y participa en sus conversaciones como si de veras *hubiera oído* lo que usted dijo. Si es un compañero de trabajo, quizás lo respete por cómo se desenvuelve o por otras cuestiones del trabajo en comparación con su esposo más despreocupado.

La lujuria puede corromper su corazón más rápido que su cuerpo.

Un domingo por la mañana en la iglesia, le pregunté tranquilamente a una vecina cómo estaba. Esa interacción de dos minutos se convirtió en un confesionario de una hora. Encontramos una habitación vacía, y Tania me contó que estaba contemplando la idea de dejar a su marido por otro hombre, alguien del trabajo. Un hombre que se llamaba a sí mismo cristiano, podría agregar. Todo había comenzado de forma verdaderamente inocente. Se encontraron mientras tomaban un café, después se enteraron de que los habían asignado al mismo proyecto. Pero un día las cosas dieron un giro cuando Tania, disgustada por una confrontación que había tenido con su esposo, José, le confió sus problemas a David.

David era compasivo, comprensivo y dispuesto. Se sentía atraído hacia Tania, y no perdió tiempo en decírselo: "Eres una mujer hermosa", dijo. "Mereces a alguien mejor que José. Yo he tenido sentimientos hacia ti desde hace mucho tiempo, Tania. Vayamos a cenar después del trabajo para que podamos hablar."

¿No le recuerda esto a la conversación que Eva tuvo con la serpiente en el árbol de la ciencia del bien y el mal justo antes de comer del fruto? Usted conoce el resto de la historia. Los personajes son distintos, el fruto prohibido no es el mismo, pero Satanás usa las mismas tácticas y argumentos persuasivos. Alimenta el sentido de que tenemos derecho y hace que nos desviemos de los planes mejores que Dios trazó para nuestra vida.

Si se encuentra pensando constantemente en un hombre que no es su esposo y buscando oportunidades para encontrarse con él, si se preocupa demasiado por cómo se va a vestir o cómo va a lucir cuando sabe que lo va a ver, si está manipulando situaciones para poder hablar con él o confiándole asuntos personales que deberían quedar entre usted y su esposo: salga corriendo, no caminando. Aléjese lo más lejos que pueda, tan rápido como pueda.

> Los personajes son distintos, el fruto prohibido no es el mismo, pero Satanás usa las mismas tácticas y argumentos persuasivos.

Tania fue una mujer sabia. ¡Estoy tan orgullosa de ella! Después de nuestra reunión, pidió salir de la oficina donde ella y David trabajaban. La siguiente vez que David llamó, le dijo que ya no podía hablar más con él. Tania le hizo saber que estaba convencida de querer salvar su matrimonio. Después de eso, ella cambió su número de celular. (David no la llamaba a su casa, por razones obvias.)

Hoy en día, Tania y José son más felices que nunca. En lugar de ocultarle lo que pasó, Tania le confesó a José cuán cerca había estado de serle infiel, y juntos discutieron francamente los problemas del matrimonio que la llevaron al menos a pensar en otro hombre en primer lugar. Dicho sea en su honor, José le pidió perdón a Tania, y comenzó a tratar las cuestiones que más le preocupaban a ella.

Cuando Tania y yo nos sentamos juntas aquel domingo, la hice repetir esta versión adaptada de la oración para la separación de espíritus para ayudarla a romper la atracción que sentía hacia David.

Oración de separación para ataduras emocionales

Querido Padre celestial:

Sé que peco y te ofendo cuando lleno mi mente y corazón con pensamientos inmorales hacia _____ (nombre de la persona). Entiendo que al pensar demasiado en él, he abierto una puerta, y mi espíritu trata de acercarse al de _____.

Te pido que me perdones por encontrar deleite y satisfacción emocional en _____ y que tú rompas esta unión espiritual con él. Concédeme libertad espiritual de _____ y restituye mi espíritu, mis pensamientos y mi corazón. Pido que al regresar a mí, mi espíritu sea limpio por la sangre de Jesús. Oro que la puerta del pensamiento y la acción sensuales hacia _____ se cierre para siempre.

Querido Dios, hazme espiritualmente íntegra otra vez y totalmente devota a mi cónyuge, (nombre del cónyuge). Oro por fe, a través del poder de Jesucristo. Amén.[6]

Una palabra de advertencia: con sólo repetir esta oración no será suficiente. Quizás necesite hacerla varias veces, tal vez diariamente, dependiendo de cuán fuerte sea la atadura, hasta que comience a sentir una medida de libertad. Además, usted debe ponerse en acción y cortar todo contacto con toda persona hacia la que se sienta atraída. Vaya al bebedero por otro camino. Cambie de clase de escuela dominical. Busque otro contratista para que termine la reconstrucción de su casa. *Sé* que parece extremo, pero la batalla por el matrimonio es precisamente eso —una batalla— y es una que no puede darse el lujo de perder.

Divorciados legalmente, no espiritualmente

Nadie se casa con la intención de divorciarse. En realidad, en el mundo secular, eso es cierto sólo en parte; es la materia de la mayoría de los contratos prenupciales. El divorcio no es el pecado imperdonable, pero creo que lo tratamos mucho más a la ligera de lo que la Biblia dice que deberíamos. Pablo, en su carta a los Efesios, comparó la relación matrimonial con el compromiso, el sacrificio y la intimidad de Cristo con la iglesia.7 Los fundamentos bíblicos para el divorcio son pocos y estrictos. En efecto, son mucho más rigurosos que los parámetros que muchos de nosotros hemos aceptado hoy en día.

Si usted o alguien que conoce está contemplando la idea del divorcio, mi oración es que haga todo lo posible para mantener unida la relación. Comience por buscar a Dios y su fuerza con todo el corazón, así cuando se presente ante Él, usted sabrá que hizo todo lo que Él esperaba de usted en esta relación. Después, rodéese de mujeres maduras y devotas que la apoyen y que, a su vez, no se ofendan con su marido. Busque un buen consejero cristiano o recurra a su pastor para que los ayude a ambos a atravesar las aguas embravecidas. Aunque su esposo no quiera ir con usted, consiga la ayuda que necesita de expertos. Lea libros relacionados con su situación, y lo más importante, ore contra el enemigo de nuestra alma, que solamente quiere ver destruidos los matrimonios cristianos. Y cuando haya hecho todo esto, vuelva al comienzo y busque a Dios nuevamente a favor de su matrimonio. Sí es necesario hacer una salvedad con respecto a estas pautas para decir que si usted está en un matrimonio peligroso debido a abuso, consumo de drogas o adicción al alcohol, quizás sea necesario separarse físicamente y luego cumplir con los pasos mencionados arriba.

El divorcio es serio. Es más que dos personas que deciden ir por caminos diferentes. Es una verdadera muerte. La relación muere, y también los sueños que una pareja alguna vez compartió. Asimismo, es la muerte de ese núcleo familiar en particular y de todo lo que Dios había planeado para ustedes como esposo y esposa.

Como sucede con cualquier muerte, el duelo es inevitable: un duelo desgarrador. El duelo es el doloroso, lento y largo proceso de aprender a vivir otra vez, en este caso sin el compañero de vida que una vez tuvo. No existen curas rápidas para los recién divorciados, aunque algunos creen erróneamente que tener enseguida otra pareja distinta curará la herida de su alma.

Espero que esté de acuerdo en que su matrimonio es una vida que vale la pena salvar. La triste realidad es que, a menudo, sólo un miembro de la pareja desea que la relación funcione, y así como se necesitan dos para casarse, se necesita sólo uno para divorciarse. Si está divorciada, la siguiente oración está escrita para ayudar aún más al proceso de sanidad. Al igual que con las otras oraciones, ésta se refiere a lo que debe suceder en su espíritu para que usted pueda avanzar. Sólo debería hacer esta oración cuando no quede absolutamente ninguna posibilidad u oportunidad de que los cónyuges se reconcilien.

Oración de separación para personas divorciadas

Querido Padre celestial:

Te ruego que me perdones por mi parte en la destrucción de mi matrimonio con _____ (nombre de la persona). Sé que la Biblia dice que tú odias el divorcio. Sé que al hacerlo, he pecado y te he ofendido. Te pido que me perdones por quebrantar los votos que hice con _____. Perdono a _____ por no ser fiel a los votos matrimoniales que hicimos ante ti. Entiendo que por nuestra unión sexual en el matrimonio, con _____ espiritualmente nos convertimos en uno. Por causa de este divorcio, te pido que rompas esta unión espiritual con _____, que me concedas libertad espiritual de _____, y restituyas mi espíritu. Pido que al regresar a mí, mi espíritu sea limpio por la sangre de Jesús. Ruego que la puerta del pensamiento y la acción sensuales hacia _____ se cierre para siempre. Querido Dios, hazme espiritualmente íntegra otra vez. Oro por fe, a través del poder de Jesucristo. Amén.[8]

A medida que su espíritu comience a sanarse, notará alentadoramente cómo su corazón y emociones también son restaurados. Jesús dijo que vino para que "tengan vida, y para que la tengan en abundancia" (Jn. 10:10). Ruego que esto se aplique a usted.

Amigo de un corazón herido

Hace varios años, Wayne Watson escribió una canción que me sigue gustando mucho. El título describe a Jesús como el "Amigo de un corazón herido". La oración final está escrita específicamente para aquellas preciosas mujeres que quedaron traumatizadas por el abuso sexual. No creo que una mujer pueda arrastrar una herida más profunda que la provocada por ser forzada o atraída contra su voluntad para participar en actos sexuales reservados solamente para la privacidad y santidad de un matrimonio amante.

Uno de los mayores dolores de muchas mujeres abusadas es la incapacidad de disfrutar plenamente de las relaciones sexuales en el contexto del matrimonio. Si esto la describe a usted, y ha leído hasta aquí porque desea tener un matrimonio de puro fuego, por favor, sepa que aprecio lo difíciles que pueden haberle resultado los capítulos anteriores. Usted *desea* la intimidad y la pasión de la cual leyó, pero al mismo tiempo, poderosos recuerdos y emociones cicatrizadas le impiden experimentar la plenitud de gozo en algunos aspectos de su relación con su esposo.

Ninguna fórmula o respuesta única puede traer sanidad y restauración a las personas que han sido abusadas sexualmente. La sobreviviente sólo debe dar pasos —grandes y pequeños— hacia una mayor libertad física, emocional y espiritual. Todos comenzamos nuestro viaje hacia la sanidad de nuestro espíritu en el mismo punto: el lugar del perdón. Pero a medida que continuamos nuestro viaje, nuestros caminos se bifurcan según la dirección que debamos tomar. Si no necesita las pautas que encontrará a continuación, espero que dedique un tiempo a leerlas para tener mayor compasión de las muchas mujeres cuyas vidas quedaron fracturadas por el abuso.

Aunque ninguna mujer consiente en ser abusada, en el reino espiritual se ha formado un vínculo, porque los cuerpos que albergan al espíritu del abusador y de la abusada estuvieron íntimamente unidos. Los psicólogos han observado que si alguien es abusado sexualmente por un miembro del mismo sexo, esto aumenta enormemente la posibilidad de que ese individuo se convierta en homosexual.[9] La psicología secular parece confirmar lo que muchos cristianos tienen por cierto: se ha creado un vínculo espiritual que influencia estas vidas.

Solemos hacernos cargo de las dificultades de nuestra vida, tratando primero las necesidades físicas, después los asuntos emocionales y, finalmente, si no hemos obtenido los resultados que buscamos, las respuestas espirituales. Al buscar nuestra restauración, vamos a invertir este orden. Comencemos con nuestro espíritu, que a menudo se descuida incluso en los círculos cristianos. Luego, como cuando se arroja un guijarro en aguas tranquilas, oro que desde el centro se irradien anillos de sanidad.

Para las mujeres que han sido abusadas sexualmente por sus padres, quizás resulte demasiado doloroso repetir la siguiente oración usando el término "Padre". Si esto es así, intente sustituirlo por un nombre de Dios que personalmente la ayude a sentirse más cerca de Él. Tal vez desee llamarlo su Redentor, Salvador, Cordero de Dios, Consejero Maravilloso, Dios Poderoso o Príncipe de Paz. Tenga por seguro que a Dios le encanta que lo llamemos por uno de sus tantos nombres. Él se deleita en saber que usted se siente capaz de venir a Él.

Muchas víctimas de abuso luchan en primer lugar con el interrogante de por qué Dios permitió que les sucediera semejante maldad, pues, después de todo, Él es Todopoderoso y podría haberlo impedido. Esta línea de pensamiento retrocede aún más a preguntarse por qué Dios creó un mundo donde existe el sufrimiento. Sin minimizar el increíble dolor del abuso y todas las otras atrocidades perpetradas en la tierra, espero que encuentre la paz en saber que no ha tocado nuestra vida *nada* que el poder de Dios no pueda redimir para bien. Que también pueda hallar descanso en saber que su abusador y todos los que cometieron actos de maldad contra otros, tendrán que dar cuenta por sus pecados.[10] Gloria a Dios porque Él es justo y nadie escapará a su juicio, aun si por misericordia encontraron la salvación.

Oración de separación para los sobrevivientes de abuso sexual

Querido Padre celestial:

Te agradezco el que soy hija tuya, y porque —gracias a la sangre de Cristo— soy perdonada de todos mis pecados y totalmente pura ante tus ojos. Tú sabes que fui abusada sexualmente por (nombre o rol del ofensor —por ejemplo, niñera, vecino, etcétera— si no se sabe el nombre) y que lo odié, y también sabes que eso causó estimulación sexual. Y sabes que me produjo cierta culpa, casi como si yo hubiera provocado lo que sucedió, pero ahora reconozco que eso es mentira. Fui una víctima, y no fui responsable por lo que me hicieron.

Dios, por tu Espíritu Santo, decido perdonar a mi abusador (o abusadores). Es tan difícil, pero lo (los) perdono porque tú me lo pides, Jesús. Por favor, límpiame de todo pecado sexual que haya resultado de los poderes demoníacos de lujuria, confusión, temor y enojo que hayan aflorado en mi vida por causa de lo que ocurrió en el pasado. Gracias, Señor, por perdonarme.

En el poderoso nombre de Jesús, me vuelvo contra todo poder demoníaco de lujuria, perversión sexual, temor, confusión, enojo, vergüenza, muerte o todo poder satánico en la esfera sexual que se haya pegado a mi vida como resultado de lo que sucedió. He confesado mis pecados a Dios, y Él me perdonó. Como una hija de Dios, que reina con Cristo, nuestro Señor, que venció al diablo y todos sus demonios, ya no tienes territorio alguno en mi vida. Ordeno que todas las influencias demoníacas salgan de mi vida. Váyanse ahora. No pueden herirme cuando se van. Deben ir adonde Jesús las mande, y no vuelvan.

Gracias, Padre, porque esas fuerzas se van ahora. Yo decido cerrarles la puerta. Que tu Espíritu llene esas áreas de mi

vida que fueron influenciadas o controladas por estas fuerzas
malignas que vinieron a través del abuso.

Padre, también te pido que rompas la unión espiritual con
mi abusador. Concédeme libertad espiritual completa de
_____, y pido que la sangre de Jesús limpie mi espí-
ritu al regresar a mí. Ruego que la puerta del pensamiento y
la acción sensuales hacia _____ se cierre para siempre.
Querido Dios, hazme espiritualmente íntegra otra vez.

Te alabo, Padre Dios, por amarme. Tú prometiste en tu
Palabra que darás "una corona en vez de cenizas, aceite de alegría en vez de luto, traje de fiesta en vez de espíritu de desa-
liento" (Is. 61:3).Y me dijiste: "Si el Hijo os libertare, seréis
verdaderamente libres" (Jn. 8:36).

En el poderoso nombre de Jesucristo. Amén.[11]

Nuestro Señor es la puerta que ofrece vida nueva a quienes dese-
en cambiar su antigua vida de dolor y tristeza. Que esta oración sólo
sea el comienzo de la sanidad total y completa de Dios para usted.

Seguir adelante

Si ha experimentado alguna consecuencia física del abuso, concierte
una entrevista con un médico solidario y comprensivo para discutir
francamente su situación. Algunas repercusiones posibles pueden ser
una enfermedad de transmisión sexual, daño de tejidos delicados o
incluso un embarazo no deseado que usted interrumpió o que decidió ponerle fin. Quizás deba realizar unos cuantos llamados y tener
varias entrevistas telefónicas, pero espere hasta que se sienta cómoda
con cierto médico antes de que le haga una evaluación completa. Un
médico insensible podría retrasar el proceso en vez de ayudarla.

Además, es totalmente comprensible que tenga intensos conflictos emocionales internos o externos debido al abuso. Si está luchando con el dolor no resuelto de un abuso sexual del pasado que
permanentemente resurge en su matrimonio o en su relación con
familiares o amigos, busque un buen terapeuta cristiano que esté

específicamente preparado para ayudar a las víctimas a superar el trauma del abuso sexual. Es esencial que usted se dé permiso para hacer de su sanidad emocional una prioridad.

Si las finanzas son un problema, recuerde que Dios promete que suplirá todas sus necesidades. Una opción consiste en pedir que su consejero le haga un plan de pago que le resulte accesible. Sea cual fuere su situación, haga lo que sea necesario para obtener la ayuda que necesita. Si no sabe a quién ir en su área, puede llamar a Enfoque a la Familia, 1-800-A-FAMILY (232-6459), y pedir hablar con el departamento de ayuda psicológica. Aunque Enfoque no ofrece ayuda a través del teléfono a largo plazo, sí tienen listas de consejeros calificados y sus campos de especialización para la mayoría de las zonas de los Estados Unidos.

Otra vía para ayudar aún más al proceso de sanidad es renovar su mente memorizando y repasando versículos bíblicos que la animen. He sabido que esto es especialmente poderoso si se siente acosada por escenas recurrentes del abuso cuando está haciendo el amor con su esposo. La lista de versículos de la sección de este capítulo titulado "Obstáculos en el camino" puede ayudarla a comenzar. Si quiere más, hay varios versículos en Cantar de los Cantares que ensalzan la belleza del amor físico en el matrimonio. Éste es uno de mis pasajes favoritos:

> ¡Corra el vino hacia mi amado, y le resbale por labios y dientes!
> Yo soy de mi amado, y él me busca con pasión.
> Ven, amado mío; vayamos a los campos, pasemos la noche entre los azahares.
> Vayamos temprano a los viñedos, para ver si han retoñado las vides, si sus yemas se han abierto, y si ya florecen los granados.
> ¡Allí te brindaré mis caricias!
> Cantar de los Cantares 7:9-12, BAD

La introducción de Eugene Peterson al Cantar de los Cantares en *The Message* dice: "El Cantar es un testigo convincente de que los hombres y las mujeres fueron creados física, emocional y espiritualmente para vivir en amor". Qué excelente recordatorio del máximo propósito y plan de Dios para el amor matrimonial, aunque los recuerdos dolorosos y las heridas sin sanar nos lo hagan olvidar.

El viaje termina con nuevos comienzos

Querida amiga: A medida que nuestro viaje por el pasado llega a su fin, por favor, sepa que siento empatía con usted, y estoy orando por su restauración completa. No olvide que incluso cuando llegue ese día, pueden quedarle cicatrices. La diferencia entre una costra y una cicatriz es que la primera aún duele y puede sangrar o supurar cuando la toca. Una cicatriz nos recuerda que alguna vez nos lastimamos, pero ya no nos causa dolor intenso. Aun Jesús, aunque se levantó de la tumba y fue el cielo con su Padre, lleva las cicatrices de lo que le hizo cada una de nosotras. Cuando otros ven las cicatrices de nuestro pasado, esperamos que sepan que hemos sufrido y, por lo tanto, somos capaces de mostrar compasión. Quizás también sepan que han encontrado una guía segura y confiable, una mujer que fue hecha libre y está feliz de acompañarlas en su propio viaje a la sanidad.

¡Enciéndase!

El hombre y la mujer estaban desnudos,
pero ninguno de los dos sentía vergüenza.

Génesis 2:25

"Cada fortaleza tiene una debilidad, y cada debilidad tiene una fortaleza." Descubrí que éste es un buen consejo en numerosas oportunidades. Si una amiga se queja de que su esposo es mezquino con las finanzas, yo le recuerdo que también ha ahorrado una considerable suma para cuando se jubilen. Si en nuestra casa un adolescente se molesta con facilidad y me dice exactamente cómo se siente, me detengo y recuerdo que es el mismo adolescente que expresa amor e interés por cualquiera que lo necesite.

Asimismo, muchas maravillosas mujeres cristianas fueron criadas para ser rectas y morales respecto a la sexualidad y se han mantenido puras hasta el matrimonio. Pero el inconveniente es que no se les ha alentado a ser atractivas para sus esposos. Odio decir esto, ¡pero muchas amantes esposas cristianas pueden ser aburridas o hasta mojigatas en el dormitorio! En el área de la excitación sexual, nuestras homólogas no creyentes nos pueden vencer ¡y por todas las razones equivocadas! Son menos inhibidas porque no tienen rumbo moral. Se mantienen en forma y lucen físicamente mejor, porque no sienten la aceptación de Cristo de ser amadas por quienes son.

Secreto 6

¿Qué debe hacer una mujer cristiana? ¿Podemos ser sensuales y devotas al mismo tiempo? ¿Es poco cristiano usar una tanga de encaje y bailar una danza erótica para su esposo en la privacidad de su dormitorio? ¿Puede la mejor mamá futbolista transformarse mágicamente en la mujer de sus sueños más salvajes? Por favor, entienda que no estoy tratando de agregar una cosa más a su lista increíblemente larga de cosas para hacer. Lo que estoy diciendo no es algo que usted debe *hacer*, sino algo que debe *ser*. ¿Estaría dispuesta a repensar su vida por completo y reordenar en oración su lista de prioridades para que la relación emocional, sexual y romántica con su marido esté en segundo lugar sólo después de su relación con Jesús?

Los capítulos de este libro están en un orden específico por una razón. Los primeros cuatro tratan principalmente sobre cuestiones y necesidades emocionales: expectativas, privacidad, ayudarse mutuamente a sentirse amados, y reconquistar el gozo en su relación. El capítulo anterior tomó un rumbo decididamente distinto, y se refirió a cuestiones espirituales serias. Este capítulo trata de capitalizar cuanto hemos hablado anteriormente, para que la relación sexual con su esposo sea todo lo que ustedes quieren que sea y más. El secreto 6 es aprender a relajarse en el área de la intimidad sexual con el regalo especial que Dios le dio: su esposo. Cuando haya leído hasta aquí, espero que esté entusiasmada por cosechar los beneficios de una relación fogosa en todo nivel.

Respire hondo

En lugar de bombardearla con toneladas de ideas creativas que pueden o no ser atractivas para usted y su marido (las veremos más adelante), voy a comenzar esta sección con una tarea especial. Cree un momento privado para usted y su esposito, respire profundo, y pregúntele: "¿Cuál sería tu idea de algo divertido en nuestra relación sexual?". Si su esposo es hombre de pocas palabras, podría abrazarlo y decirle: "Muéstrame", en vez de: "Dime".

¡Sé que da miedo pedir esto! Quizás se sienta incómoda con lo que él le pida o tenga temor de un posible rechazo. Trate de no ceder ante los "y si". ¡Preséntele al Señor todos los posibles resultados negativos e inténtelo! La mayoría de los esposos se deleitará en responder esta pregunta que hace pensar ¡después que se levanten del piso!

Cuando se nos pregunta lo que *a nosotras* nos gustaría experimentar durante la intimidad, por lo general tendemos a inclinarnos a lo romántico: velas tenues, música relajante, sábanas que huelan bien y nada de interrupciones. Un ramo de flores frescas y una noche de descanso de nuestras tareas de mamá para sumergirnos en la bañera antes de retirarnos con nuestro esposo ¡harán que nuestros monitores amorosos vayan de un débil parpadeo a un fuego abrasador!

Por otro lado, los hombres suelen tener nociones diferentes sobre lo que les gustaría experimentar con su esposa. Le pedí a un experto en la materia (a mi esposo desde hace veinticuatro años) lo que los hombres en general anhelan. Él dijo: "Lo más importante para la mayoría de los hombres es saber que su esposa disfruta la relación sexual; que ella está ansiosa por hacer el amor y por que él la satisfaga. A ningún hombre le gusta sentir que su esposa no quiere que la toque o que intenta evitar la intimidad física con él". No voy a divulgar lo que Stu me ha pedido específicamente porque le gusta. Después de todo, eso entra en el "terreno de lo privado" al que me referí en el capítulo 4. Sin embargo, ¿no es lindo saber que la mayoría de los esposos desean complacernos y asegurarse de que valoramos nuestros momentos de pasión juntos tanto como él?

> La mayoría de los esposos desean complacernos y asegurarse de que valoramos nuestros momentos de pasión juntos tanto como él.

Las diez cosas que Dios prohíbe

¿Qué sucedería si se acerca a su esposo con toda sinceridad y con las intenciones correctas para mejorar la intimidad sexual y él le respondiera con una sugerencia o solicitud a la que usted siente que no puede acceder? ¿Sabía usted que, en efecto, Dios prohíbe ciertas actividades sexuales incluso dentro del matrimonio? Aquí hay una lista llamada "Límites sexuales en el matrimonio" tomada del libro *Intimate Issues* (Asuntos íntimos).[1]

1. *Fornicación:* De la palabra griega *porneia*, se define como "relaciones sexuales con cualquier persona fuera de los límites de la relación matrimonial", incluyendo adulterio y sexo con una prostituta o padrastros.
2. *Adulterio:* Esto es sexo con toda otra persona que no sea su cónyuge. El adulterio es un pecado grave a los ojos de Dios, incluso si es mental o emocional antes que físico.
3. *Homosexualidad:* Esto es deseo sexual o relaciones con alguien del mismo género. La Biblia es clara cuando se opone a esta práctica sexual.
4. *Impureza y disolución:* El Nuevo Testamento nos advierte frecuentemente contra la impureza. Varias palabras griegas se traducen como *impureza*. Ser "impuro" (griego: *molyno)* puede significar perder la propia virginidad o llegar a corromperse por llevar un estilo de vida secular o pagano (no creyente). La palabra *rupos* a menudo se refiere a impureza moral en general.
5. *Orgías:* Una orgía es actividad sexual con un grupo y es una violación directa de los puntos 1, 2 y 4 de arriba.
6. *Prostitución:* Esto es cuando una mujer u hombre paga o recibe dinero a cambio de sexo. De acuerdo con la Biblia, es moralmente incorrecto.
7. *Pasiones desordenadas:* Esto no se refiere al deseo sexual dado por Dios que un hombre y una mujer casados tienen el uno por el otro. Es un deseo sexual desenfrenado e

indiscriminado por hombres o mujeres que no son el propio cónyuge.

8. *Sodomía:* Ésta es una palabra interesante que algunos cristianos han comparado erróneamente con sexo oral, pero no es ésta la forma en que el término fue usado en la Biblia. Los sodomitas en la Biblia eran hombres homosexuales o quienes se prostituían del templo, tanto hombres como mujeres. En el Antiguo Testamento, la palabra suele referirse a hombres que se acuestan con hombres, pero no tiene nada que ver con la relación entre un hombre y su esposa. La palabra significa coito anal dado entre hombres o con animales.

9. *Obscenidad y chistes groseros:* La Biblia habla claramente contra esto en Efesios 4:29 donde Pablo nos advirtió que ninguna palabra "corrompida" debe salir de nuestra boca. El término griego significa literalmente "podrido" o "en descomposición". También

Debemos reconocer la delgada línea entre el humor sexual bienintencionado que puede haber entre esposo y esposa dentro de la privacidad de su relación y las burdas bromas públicas e inapropiadas que son inaceptables.

se nos dice que debemos evitar la "vana palabrería", que en griego significa "adornar bien una frase". Todos tenemos alrededor gente que interpreta insinuaciones sexuales en frases inocentes. En la versión Reina Valera de la Biblia, esto se denomina "truhanerías" y no honra a Dios.

Debemos reconocer la delgada línea entre el humor sexual bienintencionado que puede haber entre esposo y esposa dentro de la privacidad de su relación y las burdas bromas públicas e inapropiadas que son inaceptables. Como regla general, si alguno de ustedes se siente culpable o incómodo por el lenguaje o humor que usan entre ustedes, se debe respetar al cónyuge que se siente incómodo.

10. *Incesto:* Son relaciones sexuales entre parientes cercanos, ya sea por consanguinidad o matrimonio, y está específicamente prohibido en la Escritura. El capítulo dieciocho de Levítico explica en detalle qué relaciones son consideradas incestuosas.

El amor profanado

Cuando doy esta tarea especial para esposos a grupos de mujeres, siempre surgen dos preocupaciones. La primera es: "Le pregunté a mi esposo cuál sería su idea de diversión en nuestra relación sexual, y me dijo que quiere que veamos películas para adultos o pornográficas juntos. ¿Debo hacer esto? ¿Es correcto?". Aunque su primera reacción a tal solicitud sea la indignación, por favor, preséntele su decepción al Señor antes de interactuar con su esposo.

Mi respuesta inicial a esta situación es siempre: "¿Él ha hecho esto antes? ¿Sabe usted si su esposo tiene un problema con la pornografía?". Si ella está segura de que su esposo solamente siente curiosidad y no está realmente involucrado en eso, sugiero que lo tome de la mano y le diga: "Cariño, quiero que nuestra relación sexual sea divertida y excitante, al igual que tú. Pero *sé* que podemos tener lo que ambos deseamos honrando a Dios y honrándonos mutuamente, y no trayendo esta clase de cosas a nuestro hogar o nuestra vida".

El azote de la pornografía ha arruinado y destruido innumerables matrimonios. Las esposas inocentes se castigan con falsa culpa, porque le creen a su equivocado esposo cuando les dice: "Tú no me has satisfecho como deberías. Entonces, ¿qué esperabas?". Estos hombres que han sido engañados, juegan con *Playboy* y otras revistas lascivas, pero pronto cambian a material más explícito vía Internet o en vídeos.

En su insensatez, abandonan la verdadera satisfacción de la relación marital por la falsa gratificación de una mentira. La pornografía viola prácticamente todos los límites sexuales mencionados en la lista anterior. "Es una amante, una adúltera. Su propósito es violar el alma de su esposo y llevarlo a él [*y su matrimonio*] a la tumba"[2] (itálicas mías). Como esposa, usted no está obligada —y tampoco debería como cristiana— a participar en ninguna actividad pornográfica o promiscua con su marido. Esto incluye ver vídeos para adultos o ir a bares topless. Tampoco está "obligada a realizar con su marido ninguna situación sexual que derive de una vida de fantasía alimentada por la pornografía".[3]

La pornografía viola prácticamente todos los límites sexuales establecidos en la Biblia.

Si usted (sí, las mujeres también luchan contra la pornografía) o su esposo están atrapados en esta maraña engañosa de pecado, hay diferentes vías de ayuda disponibles, dependiendo de si usted es la ofensora o la ofendida. Fíjese en la lista de recursos en la parte final del libro para ayudarlos a usted y su esposo a salir del oscuro pozo de la pornografía y restaurar su relación.

La principal directiva

Me causa gracia que Dios me haya llevado a hablar de cómo tener matrimonios de puro fuego. Usted no lo notaría por las cosas que escribo, pero en el fondo soy pudorosa. Algunos temas me resultan increíblemente incómodos, ¡y preferiría pasarlos de largo!

Habiendo dicho esto, la segunda pregunta que se hace con más frecuencia tiene que ver con el sexo oral. Esto es lo que he oído: "Mi esposo dice que su idea de diversión en nuestra relación sexual sería tener, o tener más, sexo oral". De nuevo, las mujeres me preguntan:

"¿Tengo que hacer esto? ¿Está bien?". Oh, cómo desearía poder saltar este asunto, señoras, pero no puedo. Es demasiado importante para muchos hombres, y demasiadas mujeres cristianas han hecho de esto una montaña en la que preferirían morir antes que ceder a ella.

¿Están actuando por amor genuino el uno hacia el otro?

¿Qué dice la Biblia con respecto al sexo oral? Según muchos expertos y estudiosos, en esencia, la Biblia guarda silencio o está con "un velo" en cuanto a mandatos a favor o en contra del sexo oral.[4] Puesto que no tenemos directamente un "mandato divino"[5], veamos la perspectiva del Dr. Lewis Smedes, profesor de teología del Seminario Fuller.

> ...es probable que la única limitación (además de las prohibiciones bíblicas para la relación sexual mencionadas previamente) sea el sentimiento de la otra persona. Si un miembro de la pareja tiene sentimientos de culpa en cuanto al juego de sexo oral, la respuesta cristiana será honrar a ese miembro de la pareja hasta que reajusten sus sentimientos. Por otra parte, si el cónyuge tiene reservas enraizadas en algunas ideas fijas de que, de todas maneras, el sexo es poco más que un mal necesario, tienen la obligación de ser enseñados, tierna y amorosamente, sobre los goces de la libertad sexual en Cristo.[6]

Si Dios no prohíbe específicamente algo en la Escritura, como el sexo oral, es probable que esté permitido. Esto se aplica en tanto esposo y esposa deseen participar. La principal directiva es actuar por amor genuino el uno hacia el otro.

Si ya ha hecho su tarea especial y le preguntó a su esposo qué cosas harían más divertidos sus momentos de intimidad, ¡Dios la bendiga! Sé que el tema del sexo oral, así como también otras sugerencias que nos sacan de nuestra zona de comodidad, pueden hacer sentir asco a algunas mujeres. Si le ocurre esto, pida al Señor que la ayude a decidir resueltamente en su corazón a deshacerse de toda limitación no bíblica que se haya impuesto a sí misma o a su marido. Al mismo tiempo, pida a su esposo que no la fuerce si no está emocionalmente preparada. El mayor contentamiento y satisfacción para ambos radica en el consentimiento mutuo, creciendo juntos emocional y físicamente.

Patty y Javier tienen un matrimonio intensamente apasionado. Sus alturas llegan a un rascacielos, mientras que sus bajones pueden llegar a tocar fondo. Durante uno de esos bajones depresivos, asistieron a un estudio bíblico para parejas. La instrucción para aquella noche era: "Cuéntele al grupo una cosa que aprecia de su cónyuge". Patty pensaba y pensaba, pero no se le ocurría nada para decir en ese momento. Cuando llegó su turno de hablar, se miró las manos, tenía los puños cerrados sobre la falda, y dijo: "Javier es maravilloso en la cama. ¡Es fantástico! ¡Un amante generoso!". Después de quedarse mudos de asombro, fuertes risas y gritos de: "¡Bien hecho, Javier!" resonaron en la sala. Javier caminó por las nubes las dos semanas siguientes, y ese bajón descorazonador inmediatamente se disparó en la dirección opuesta.

¡Qué valentía de Patty alabar a su marido en esta área tan sensible habiendo gente de ambos sexos presente! Yo quise saber cómo había llegado a adorar las habilidades para amar de su esposo. Su respuesta me sorprendió.

"Durante años, Javier y yo tuvimos una relación sexual buena. De vez en cuando, él sugería nuevas ideas para nosotros, pero yo siempre me resistía. No me sentía cómoda y no sentía que tuviera que

El mayor contentamiento y satisfacción para ustedes dos radica en el consentimiento mutuo, creciendo juntos emocional y físicamente.

adaptarme a su pedido. Lo lindo es que cuanto más tiempo teníamos de casados, yo me sentía más amada, segura y relajada con él, incluso con todos nuestros altibajos. Poco a poco, comencé a seguir su iniciativa en nuestra relación sexual. Es un hombre creativo, y la unidad física que ahora compartimos sobrepasa en mucho a todo lo que experimentamos en los primeros años de matrimonio."

Lo que las mujeres quieren

En su mayoría, las mujeres somos las que respondemos, ¿no es así? Los Dres. Cliff y Joyce Penner escribieron: "El hombre tiene la llave para la sexualidad de la mujer: afirmación. Cuando el esposo ama, adora y se conecta con su esposa, su afirmación enciende la pasión en ella. Entonces, ella está dispuesta a invitar sexualmente a su esposo, y su invitación lo valida a él".[7]

> Cuando el esposo ama, adora y se conecta con su esposa, su afirmación enciende la pasión en ella.

Quizás su esposo ya sabe esto y hace todo el esfuerzo posible para avivar el fuego romántico en usted. Si es así, agradezca al Señor por un hombre tan sensible. A la mayoría de los esposos les gustaría que su esposa fuera más espontánea y desinhibida en la habitación. El problema es que muchos no sintonizan con la razón por la cual la intimidad física no las entusiasma tanto como a ellos.

Este libro está dirigido a usted, porque las mujeres son quienes generalmente se interesan en mejorar la calidad de una relación. Pero la verdad es que resulta más probable que respondamos a nuestro marido según la forma en que nos trata y no que llevemos la delantera y marquemos el paso. En todos los años que he estado ministrando a mujeres, nunca oí quejas de una esposa cuyo marido actúa como el líder amoroso y dulce que Dios quiere que sea. Conozco algunas mujeres que son la mayor causa de problemas en su relación, pero la mayoría de las esposas con las que hablo anhelan desesperadamente elevar el nivel de intimidad y pasión en su matrimonio, pero se sienten incapaces de hacer que suceda. Sus esposos no pueden o no quieren cambiar. Si más hombres entendieran que la mayoría de nosotras seguiríamos con placer a un líder fiel y compasivo, estoy segura de que se asombrarían de cuán ardiente sería el resultado.

Resulta más probable que respondamos a nuestro marido según cómo nos trata y no que llevemos la delantera y marquemos el paso.

Como cada matrimonio es distinto, y cada una de nosotras tiene diferentes carencias y necesidades, la clave para generar una respuesta positiva de su parte puede no ser la misma que para otra. Sin embargo, usted tiene acceso a una herramienta para relaciones que ha ayudado a cientos de parejas a acercarse emocional y físicamente. Esto debería dejarlos a ambos completamente satisfechos. Esa herramienta se llama "encuentros para relacionarse".

Encuentros para ella

Kent Miller, un consejero matrimonial y familiar licenciado, suele usar la siguiente ilustración para explicar por qué programar momentos específicos para discutir su relación o para tener sexo es provechoso para muchas parejas.

Si una persona tiene hambre y no sabe de dónde vendrá su próxima comida, comerá cuanto esté a su alcance. No sólo eso, cuando no está comiendo, está pensando constantemente cuándo volverá a comer de nuevo. ¿Dónde encontrará el alimento que necesita? ¿Qué hará si no logra comer cuando quiera o lo necesite? En otras palabras, la persona hambrienta se obsesiona con la comida. Lo mismo sucede con un hombre o una mujer emocional o sexualmente hambriento en un matrimonio.

Cuando un esposo se siente sexualmente hambriento, demandará con frecuencia sexo de su esposa. No está realmente preocupado por ella; en cambio, todo consiste en asegurarse de que se satisfagan sus necesidades físicas. De la misma manera, cuando una esposa se siente emocionalmente hambrienta porque su esposo no la escucha o no toma en serio sus preocupaciones, protestará, rezongará, y constantemente sacará a relucir problemas, porque nunca sabe cuándo o si él realmente la escuchará y se interesará por lo que a ella le preocupa.

La solución de Kent para estos deseos válidos es "encuentros para relacionarse". Estas reuniones tienen uno de dos ángulos: emocional o sexual. Lo ideal es que su esposo inicie los encuentros emocionales, especialmente si usted no se siente amada o escuchada. El propósito de estos encuentros es discutir todos los aspectos negativos de su relación, los problemas con los niños, las finanzas y todo aquello que esté causando estrés en su matrimonio. Su esposo comienza preguntando: "¿Cómo te sientes con respecto a nuestra relación?". Usted podrá compartir todo lo que está en su corazón, y él no puede interrumpir ni corregir. Sólo escucha y le da su opinión como, por ejemplo: "Entiendo. Lo que quieres decir es que...". Luego es el turno de él. Después de que ambos hayan cubierto su relación, tienen la libertad de pasar a cualquier otro conflicto que necesiten discutir. El propósito no es resolver todos sus problemas de una vez, sino limitar la cantidad de tiempo que una pareja dedica a centrarse en las dificultades que están interfiriendo en su amor mutuo.

Los parámetros del encuentro son que deben reunirse al menos dos veces por semana, pero no más de tres. Cada encuentro no debe durar menos de veinte minutos y no exceder la hora. Además, deje pasar al menos un día entre reuniones, pero no más de tres. Esto les dará un respiro a ambos en caso de que las cosas estén tensas en casa. Asimismo, no se permite tener encuentros los días de cita, a menos que las cosas marchen bien entre ustedes y el intercambio sea totalmente positivo. Fuera de los encuentros, ninguno de los dos puede sacar a relucir nada negativo, crítico, degradante o hiriente a menos que, en efecto, se trate de una verdadera emergencia.

¡La razón por la que estos encuentros son importantes es porque funcionan! Hasta a los esposos más reacios se les puede ganar rápidamente cuando se dan cuenta de que pueden llamar a casa o entrar por la puerta sin que su esposa los bombardee con sus preocupaciones más recientes. Y la esposa se relaja, sabiendo que tendrá la oportunidad de contar todo lo que le preocupa a la atenta audiencia de una sola persona, su marido, en su próximo encuentro para relacionarse.

Los encuentros para relacionarse infundieron nuevo aliento de vida al matrimonio de Kevin y Nicole. Bendecidos con tres hijos adoptados, luchan diariamente porque dos de sus hijos tienen desorden bipolar. Nicole me confió que su matrimonio estaba completamente deteriorado por causa de la constante agitación en su hogar.

"Cada vez que Kevin y yo hablamos, es para dar rienda suelta a la última preocupación por alguno de los niños. ¡Odio esto!", dijo. "Hemos dejado de tener citas, porque todo lo que hacemos es un refrito de lo que está mal en nuestra vida."

Le conté a Nicole sobre los encuentros emocionales, y pregunté si Kevin estaría dispuesto a probarlos. Como la esposa afortunada que es, respondió: "Oh, él hará todo lo que le sugiera. Siempre está dispuesto a hacer cosas para mantener fuerte nuestra relación".

Tan sólo una semana después, Nicole me contó: "¡Denise, salvaste mi matrimonio!".

Empecé a reírme y pregunté: "¿Cómo es eso?".

"Esos encuentros para relacionarse. Kevin y yo decidimos probarlos por una semana. El sábado a la noche yo había pasado un día difícil con los niños, pero nada fuera de lo común para lo que era nuestro hogar. Kevin iba a una reunión con unos instructores de vuelo que había esperado durante meses. Cuando se iba, me sentí tentada a lloriquear y quejarme. Sabía que si lo hacía, se quedaría en casa conmigo. Pero habíamos tenido un encuentro la noche anterior;, entonces, en lugar de sacar a relucir los problemas de ese día, tragué saliva y dije: "¡Que lo pases lindo, mi amor!".

"Él hizo una pausa, me miró, y dijo: '¿Estás segura?'. Puse mi mejor cara de alegría y respondí: 'Absolutamente'. Cuando llegó a casa más tarde esa noche, dijo: 'Nicole, lo pasé de lo mejor. Pero me sentí algo preocupado por haberte dejado sola con los niños. ¿Estuviste bien?'. Lo abracé y le dije: 'Te contaré en nuestro próximo encuentro'."

Nicole continuó diciendo: "Nunca me di cuenta de mi mala actitud hasta que tuve que esperar a nuestros encuentros para relacionarnos para descargarme. Por primera vez en meses, Kevin y yo realmente tenemos esperanzas con respecto a nuestro matrimonio, aunque las cosas sigan difíciles con los niños".

Al restringir el tiempo que nos pasamos pensando en lo dura que es la vida, estamos obligadas a practicar Filipenses 4:8 (BLS): "Finalmente, hermanos, piensen en todo lo que es verdadero, en todo lo que merece respeto, en todo lo que es justo y bueno; piensen en todo lo que se reconoce como una virtud, y en todo lo que es agradable y merece ser alabado". La Palabra de Dios es siempre verdadera. Usted podrá relajarse, la atmósfera de su hogar será mejor, y su matrimonio no se hará tan pesado cuando saquen el tema de las cosas negativas solamente en sus encuentros.

Encuentros para él

Muchos esposos, cuando se enteran acerca de los encuentros emocionales, tienen una reacción refleja. "Bueno, eso está bien para mi esposa, pero ¿y yo?". Asegúrele a su hombre que hay cosas buenas reservadas para él también. Una de las maneras más simples de asegurarse de que los encuentros se lleven a cabo para ambos, es unir sus encuentros emocionales con su relación sexual. Si su esposo le da mucha importancia a la frecuencia de sus interludios sexuales, dígale que estará gustosa de tener una sesión de sexo por cada encuentro emocional que él le dé. Cuando una mujer se siente emocionalmente unida a su esposo, a menudo se mostrará mucho más dispuesta a la intimidad física.

Sé que las reuniones planificadas suenan poco románticas y demasiado rígidas. Pero la realidad es que la mayoría de los esposos están encantados de saber que pueden contar con una esposa cariñosa y dispuesta dos a tres veces a la semana, y la mayoría de las esposas están contentísimas al saber que pueden conectarse emocionalmente con sus esposos en forma regular. El final feliz es una mujer que se siente amada y escuchada y, por lo tanto, "se distiende" emocional y físicamente, y un esposo que cosecha la recompensa de una esposa alegre y satisfecha, como así también de una pasión renovada en su relación sexual.

Cuando una mujer se siente emocionalmente unida a su esposo, a menudo se mostrará mucho más dispuesta a la intimidad física.

Incluso los matrimonios que no están en dificultades se benefician de este acuerdo, porque siempre es un placer afirmarnos el uno al otro, proponernos decirle a nuestro esposo que lo amamos. Si las cosas van bien, usted y su esposo pueden dedicar al menos veinte minutos a centrarse en las cosas fantásticas de su relación, lo que aprecian el uno del otro, y quizás sus esperanzas y sueños para su futuro. Una buena forma de empezar es preguntarle al otro: "¿Cuál fue la mejor parte de tu día?", y después contarse: "Lo que más aprecié de ti hoy (o ayer, la semana pasada, etcétera) es _____". Los encuentros emocionales no son solamente para las parejas que están sufriendo, pero parecen ser más esenciales en los tiempos difíciles.

Por supuesto, siempre hay excepciones a la regla. Algunos hombres se sienten emocionalmente desconectados de su esposa, y algunas mujeres ansían el toque de su esposo. Mi oración es que tome lo que le sea útil y adapte cualquier principio que necesite para disfrutar su matrimonio al máximo.

La bella y la novia

Aunque todo sea maravilloso, muchas mujeres se sienten inhibidas respecto de sus cuerpos y, por lo tanto, les resulta difícil distenderse en la relación sexual con su esposo. He conocido mujeres bellamente proporcionadas que se obsesionan por las cinco libras que tienen de más en lugar de permitir que su esposo disfrute de su belleza. Por otro lado, conozco mujeres promedio, con muslos arrugados y todo, que se sienten totalmente a gusto con su cuerpo y no tienen vergüenza de desfilar seductoramente frente a su marido.

Los hombres son visuales, por lo que un simple vistazo de usted cuando se desviste y se prepara para ir a la cama puede ser suficiente para que su marido se motive. Pero es difícil mostrar lo que tiene si no le gusta el paquete que Dios le dio. Deténgase un minuto y piense: ¿qué la hace sentirse sexy? ¿Es un peinado en particular o cuando alcanza su peso ideal? ¿Se siente sexy solamente cuando ciertas partes del cuerpo están cubiertas o cuando todas las luces están apagadas? (¡Qué divertido es *eso* cuando ni siquiera pueden verse!)

Una de las mejores formas de despertar su motivación es sacar sus fotos de boda y verse cuando era novia.

Quizás a usted le gustaba su cuerpo, pero después de los bebés o las cirugías o simplemente el paso de la edad, preferiría cubrirse con un camisón de franela antes que mostrar lo que hay debajo. Es cierto que no tenemos control sobre lo que el embarazo, la enfermedad y el envejecimiento le hacen a nuestro cuerpo. Pero desgraciadamente, algunas mujeres se han dado por vencidas y han caído en la dejadez. Una actitud semejante se desarrolla por miles de razones, aunque la Biblia nos recuerda que nuestro cuerpo es el templo del Espíritu Santo. ¡Dios mismo habita dentro de nosotras! Qué responsabilidad tan formidable. ¿Cómo podemos volver a ponernos al día sin obsesionarnos si hemos descuidado el don de la vida y la salud que Dios nos ha dado?

Una de las mejores formas de despertar su motivación es sacar sus fotos de boda y verse cuando era novia. Después, mírese en el espejo más cercano. ¿Cuánto se parece a la belleza que era cuando se casó? Cada vez que sugiero esto a una audiencia, la sala estalla en gemidos y risas. Pero su esposo se casó con usted porque se sentía atraído hacia *usted*, a la exacta clase de mujer que es.

A algunos hombres les gusta el look natural: poco o nada de maquillaje, un corte de cabello fácil de peinar y ropa de excursionista Eddie Bauer. Otros hombres van por una apariencia más refinada: cabello bien arreglado en la peluquería, maquillaje hábilmente aplicado y el último conjunto de Nordstrom. Muchas de nosotras estamos en algún punto entre estos dos estilos o incluso vamos del uno al otro. (Siempre le digo a la gente que si no fuera por el maquillaje y los rizadores de cabello, ¡creo que Stu no se habría fijado en mí!)

Sin salirnos del tema, usted debe aceptar el tipo de cuerpo que tiene. Algunas mujeres son musculosas, delgadas y atléticas. Otras son redondeadas y con curvas como Marilyn Monroe. Ningún tipo de cuerpo es mejor que el otro; simplemente son distintos. Su forma básica estaba determinada en sus genes desde el momento de su concepción. Una de las cosas más saludables que puede hacer por usted misma —y por su marido— es agradecer al Señor por cómo la hizo, y después sacarle el máximo provecho. Si es delgada y tiene pechos pequeños, ¿cree usted que su esposo no se dio cuenta de eso antes de casarse? Todos lo

> Una de las cosas más saludables que puede hacer por usted misma —y por su marido— es agradecer al Señor por cómo la hizo, y después sacarle el máximo provecho.

notan, aunque lleve puesta toda la ropa. Lo mismo sucede si usted se parece más a las modelos renacentistas que pintaba el famoso artista Rubens, con figuras llenas y voluptuosas. Nuevamente, muchas de nosotras estamos en algún punto entre esos dos. Me aventuraría a decir que muy pocas de nosotras se igualan a la falsa perfección de las modelos mediáticas, retocadas con aerógrafo y corregidas mediante operaciones. Y, si somos sinceras, nuestros maridos tampoco. Una actitud entusiasta y desinhibida importa mil veces más que un cuerpo sin defectos.

Chequee la realidad

Aunque estemos casadas y relativamente seguras de que nuestros esposos no nos van a dejar por un aspecto superficial como nuestro aspecto físico, seguimos siendo responsables de cuidarnos. La principal preocupación debería ser su salud. Hay muchos libros y recursos excelentes para estar saludable y mantenerse así, pero veamos algunos recordatorios generales.

   ¿Está en el peso apropiado para su altura? El antiguo estándar era cien libras (aprox. 45 Kg) para una mujer de cinco pies (aprox. 1.53 m) de estatura, y agregar cinco libras (aprox. 2,27 Kg) por cada pulgada (2.54 cm) más. Las estadísticas de hoy son más generosas y tienen en cuenta su estructura ósea y su edad. La mejor regla general es mantenerse dentro de las diez libras (unos 4.53 Kg) —por encima o por debajo— del peso correcto. La mayoría de la gente conoce los riesgos médicos del sobrepeso, ¿pero sabía que pesar menos de lo normal puede ser igualmente peligroso? Su cuerpo es más

Una actitud entusiasta y desinhibida importa mil veces más que un cuerpo sin defectos.

propenso a las infecciones, a los desórdenes del sistema inmunológico, y a la cesación del ciclo menstrual. No comer ni mucho ni muy poco y comer los alimentos correctos es suficiente para resolver los problemas de peso en la mayoría de las mujeres.

Si necesita apoyo emocional, tiene un desorden metabólico, o está consciente de que otras barreras afectan su capacidad para aumentar o bajar de peso haga el compromiso de cuidar todo lo que no está funcionando y aprender a valorar el cuerpo que Dios le ha dado. De este lado del cielo, es el único que tendremos.

Usted ha oído el siguiente consejo miles de veces: Debería hacer ejercicio varias veces a la semana. El ejercicio puede tomar muchas formas. Ir al gimnasio no es lo único que cuenta. Puede caminar durante su hora de almuerzo o arrancar malezas en el jardín. Limpiar ventanas, fregar los pisos, o andar en bicicleta, todo puede ayudarla a mantenerse en buena forma. Cualesquiera actividades que elija hacer, recuerde escoger algunas que la mantengan en movimiento. Los estudios muestran que hacer ejercicio por tan solo diez minutos un par de veces al día aumenta su metabolismo y ayuda a su cuerpo a quemar calorías con mayor eficacia. Para las esposas y madres ocupadas, el ejercicio puede ser lo último en lo que piensen. Pero hasta un poquito es mejor que nada y levantará su espíritu a lo largo del día.

La reconfortante verdad es que a la mayoría de los esposos realmente no les importa si sus esposas se parecen a alguna estrella de cine de Hollywood. Lo importante para ellos es una esposa que gustosamente y sin reparos comparte su cuerpo, corazón y alma con el hombre que ama. Comer bien y hacer ejercicio regularmente son las dos cosas fundamentales para toda mujer que quiera sentirse bien y verse mejor.

Recuerde, ninguna cantidad de maquillaje puede imitar el brillo de la buena salud.

Muchas mujeres, sin embargo, no se sienten emocionalmente seguras al exhibir sus cuerpos ante sus maridos. Cualquiera de los temas que hemos tratado anteriormente puede hacer que quiera esconderse: abuso sexual, pornografía, mala salud, o cuestiones emocionales no resueltas. Si su esposo ha hecho comentarios crueles respecto a su cuerpo, tiene otro doloroso obstáculo para vencer.

Señoras, si alguna de estas condiciones existe en su matrimonio, por favor hagan todo lo que esté a su alcance para arreglar lo que está mal. No acepten pasivamente los problemas profundamente arraigados en su relación. Oren, consigan ayuda de afuera, pongan límites, y busquen la sanidad física y/o emocional. Nuestro objetivo no es tener un matrimonio perfecto y sin fallas. ¡Eso no existe! Pero queremos vivir en el matrimonio más saludable posible, dadas las dos personalidades que están entrelazadas.

Demasiado de algo bueno

Durante un periodo de diez años se llevó a cabo un estudio que abarcó a hombres y mujeres de entre cuarenta y cinco y cincuenta y cinco años. Las conclusiones revelaron que aquellos que tenían relaciones sexuales con un 50 por ciento más de frecuencia que sus pares parecían hasta doce años más jóvenes. El psicólogo David Weeks especuló: "Hacer el amor estimula las hormonas que reducen el tejido graso y aumentan la masa muscular magra, dando un aspecto más joven".[8] Si ha leído hasta aquí y todavía no está segura de querer tener un matrimonio de puro fuego, ¿no preferiría tener más intimidad física con su marido que inyecciones de Botox?

Como esposas cariñosas, también nos preocupamos por la salud de nuestros hombres. El renombrado cardiólogo Dr. Mehmet Oz afirmó que para que los hombres tengan una salud cardiovascular óptima, deberían "caminar, evitar las comidas rápidas, y tener sexo regularmente, durante por lo menos media hora, cuatro veces por semana".[9] Una esposa entusiasta leyó estas recomendaciones a su estresado esposo y dijo: "Bien, querido. Probemos las sugerencias del Dr. Oz. Tú has estado trabajando mucho, y no quiero que tengas un ataque al corazón". Su esposo accedió entusiasmado, pero al quinto día, durante la tercera sesión de la prescripción del médico, dijo: "¿Realmente tiene que durar media hora?". Y al séptimo día le dijo a su esposa: ¿Vale si sólo *pienso* en el sexo?". ¡Había tenido demasiado de algo bueno!

La frecuencia con que hagan el amor es una decisión personal. Lo que es correcto o normal para una pareja puede no serlo para otra. Muchos expertos concuerdan en que el hombre promedio necesita una descarga sexual cada tres días debido a la forma que está diseñado su cuerpo. Para algunas relaciones, esto sería demasiado. Usted conoce a su esposo y él a usted, por lo que espero que juntos puedan llegar a un acuerdo que los bendiga a ambos. ¿Recuerda la discusión acerca del "sexo misericordioso" del capítulo 2? No todo encuentro sexual tiene que ser un banquete gourmet para que tenga lugar la intimidad. A veces algo bueno y breve puede ser igualmente especial.

Otra forma de ponerse de acuerdo sexualmente con su esposo es prestar atención a los ciclos corporales. Por lo general usted tendrá dos semanas al mes en las que se siente con mayor energía. Cuando sus niveles de estrógeno están altos al comienzo de su periodo y hasta catorce días después, usted se encontrará en su pico emocional y físico. La siguiente fase de su cuerpo es cuando ovula. El deseo sexual en la mujer alcanza su punto más alto durante este periodo de dos a tres días. Ésta es una imagen perfecta de la sabiduría de Dios para mantener la continuidad de la raza humana. Para el día diecisiete o dieciocho, descienden sus niveles de estrógeno, y su cuerpo se prepara para la menstruación. Para muchas mujeres (y hombres) estos son los días más horrorosos del SPM (PMS en inglés). (Como dijo un esposo: PMS quiere decir: "Pack My Suitcase!; en español: "¡Prepara mi equipaje!".) Quizás esté cansada, rezongona, confundida, e incluso dolorida. Tener los pechos sensibles es común antes de su periodo. Cualesquiera sean sus síntomas, dudo que quiera ser tocada.

Una mujer sabia sabe cuáles son sus semanas buenas y cuáles malas. Ella aprovecha las buenas para iniciar el sexo con su esposo, estando dispuesta cuando él tiene deseo, y poniendo la energía extra para mantener la pasión en su vida amorosa. Entonces, durante las semanas en que está decaída, su esposo no se sentirá tan rechazado, y ella no sentirá que lo está privando a él.

Los ciclos corporales también incluyen saber cuando usted y su esposo tienen el mismo horario de sueño. ¿Hay uno de ustedes que se levanta al salir el sol justo cuando el otro se dirige a la cama? La mayoría de las parejas son una mezcla. Cuando esto sucede, puede resultar complicado encontrar el momento justo en el que ambos tengan energía y estén despiertos. Una solución es turnarse para acomodar el mejor momento del día de cada uno —entonces escápense alguna tarde, cuando ambos están más animados, con tanta frecuencia como les sea posible.

Otro factor a tomar en cuenta es que los hombres y mujeres alcanzan sus puntos máximos en el nivel sexual en diferentes etapas de la vida. Precisamente cuando ella se está preparando y disfrutando de los beneficios de una vida sexual saludable, él podría estar aminorando. Las parejas que llevan felizmente casadas un cierto número de años han aprendido a adaptarse prácticamente a cualquier cosa —relojes biológicos distintos, hormonas fluctuantes, e incluso el flujo y reflujo del deseo físico— cuando realmente lo desean.

Recuerdos creativos

En el proceso de escritura de este libro, pregunté a muchas amigas y conocidas si estaban dispuestas a compartir sus secretos personales para tener un matrimonio de puro fuego. El hilo común que entrelaza las siguientes ideas es llevar la relación sexual de un rápido encuentro físico a un plano más elevado, donde se crean los recuerdos y se fortalecen los matrimonios. A medida que lea, estoy segura de que estará de acuerdo conmigo en que conozco algunas mujeres increíblemente románticas y creativas. Pero ni por un segundo piense que esta creatividad no puede ser parte de su vida.

Son las pequeñas cosas de la vida las que significan más para nosotros. Teniendo en cuenta esto, Paula tiene un perfume especial que sólo usa cuando ella y Brad hacen el amor. Es su "marca perfumada", y él es el único que lo experimenta. También sugiere no ponerse lápiz labial antes de salir de casa, para poder besar más largamente a su maridito.

Yvette y su esposo tienen un cierto CD que sólo escuchan durante su intimidad. Ella dice que la ayuda a relajarse y a ponerse en clima, permitiéndole distenderse y olvidarse de las presiones siempre presentes de la vida.

Danielle perfuma sus sabanas con una fragancia deliciosa mientras Steve se prepara para ir a trabajar por la mañana. Esta señal no verbal lo ayuda a él a pasar el día anticipando una maravillosa noche juntos. Una de mis amigas más desinhibidas le pregunta a su esposo qué color de tanga le gustaría que se pusiera esa noche —o la modela para él en la mañana para que piense de antemano. Tenga presente que esta última sugerencia solamente funciona si su esposo tiene un horario muy ajustado o mucho autocontrol. ¡Esté preparada para una "sesión matutina" si es lo suficientemente espontánea como para probar esto!

Otra de mis amigas sorprendió al marido en su oficina. Becky tenía puesto un abrigo y llevó una canasta de picnic llena de cosas ricas para comer. Tom estaba contento de verla pero bastante indiferente —hasta que ella extendió una frazada y se quitó el abrigo. Todo lo que llevaba puesto era ropa interior de encaje. "Becky", exclamó, "¿no tienes miedo de que entre alguien?" "Realmente no", respondió ella. "¡Por eso hice esto un sábado!" Ella dijo que no salió tan bien como lo había planeado porque Tom estuvo muy nervioso todo el tiempo. No obstante, él supo apreciar la amabilidad de su esposa al mostrarle amor en un momento de mucha tensión en su vida.

Kendra estaba tan absorta con sus tres hijos en edad preescolar que no se dio cuenta de lo abandonado que se sentía su esposo hasta que se dio vuelta después de que ella se había metido en la cama sin siquiera darle un beso de buenas noches y le dijo: "Cariño, ¡siento que he perdido a mi esposa! Te extraño". Esas pocas palabras pusieron a Kendra en acción. Al día siguiente fue a la ferretería local y compró dos galones de pintura color ciruela. "El púrpura es el color de la realeza y la pasión", me dijo Kendra.

La semana siguiente mientras Wayne estaba fuera de la ciudad en un corto viaje de negocios, Kendra cubrió todos los muebles de su habitación y pintó una tormenta. Sábanas de seda y un nuevo edredón completaban su proyecto amoroso. Ella dijo: "Trabajar en nuestra habitación mientras Wayne estaba fuera me hizo extrañarlo tanto y anhelar que volviera a casa. Me concentré en él y en nuestra relación de una forma más poderosa que si solamente me hubiera centrado en los niños mientras él no estaba".

Wayne volvió a su casa y se encontró con una remanso redecorado y una esposa recomprometida. Otra nota aquí: Kendra ha sido consecuente en hacer de su esposo una prioridad, a pesar de que dos de sus hijos sean discapacitados. Fácilmente podría quedar empantanada en las abrumadoras exigencias de su vida. Pero hace mucho tiempo decidió encenderse emocional y físicamente. Kendra decidió seguir unida a su marido, mantener su espíritu juguetón, y no concentrarse demasiado en las dificultades de su vida. La chispa ha durado en su matrimonio hasta este día, y han estado juntos desde que tenían catorce años.

Lealtad para toda la vida

Fuerte es el amor, como la muerte...

Cantar de los Cantares 8:6

H oy, al comenzar a escribir este capítulo sobre la lealtad al cónyuge para toda la vida, Stu y yo celebramos nuestro vigésimocuarto aniversario. Veinticuatro años atrás, me despertó una llamada telefónica de mi futuro esposo. *"Qué dulce"*, pensé. *"Me llama para decirme lo feliz que está de casarse hoy, cuánto me ama, o algo similar y romántico".* En lugar de ello, oí: "Denise, debemos ir al hospital. Mi abuela tiene una falla cardíaca y dicen que tal vez no sobreviva". Esta era la misma entrañable abuela que había obsequiado a Stu su anillo de compromiso para que me lo diera.

Recordé la superstición que dice que el novio no debe ver a la novia antes de la ceremonia nupcial. Pero la deseché rápidamente. "Ese es sólo un cuento de viejas. No prestaré atención a mis recelos. Ahora soy una cristiana; esas cosas ya no importan."

Nos sentimos agradecidos de que la abuela de Stu no muriera aquél día. Vivió cuatro años más y pudo ver el nacimiento de dos de sus bisnietos. Sin embargo, como mi matrimonio no siempre era como lo había imaginado, y el estrés y las presiones iban y venían con cada año que pasaba, muchas veces recordé el día de nuestra boda y me pregunté si no habría violado algún código secreto al habernos visto ese día. ¿La ida de la abuela Coyle a terapia intensiva aquél día anunciarían las bruscas altas y bajas que hemos experimentado durante nuestro matrimonio?

La lealtad para toda la vida se encuentra al recordar sus votos, no importa si eran los tradicionales leídos del Salterio o creativamente escritos y diseñados sólo para usted y su amado.

Secreto 7

En un nivel, en mi mente y mi espíritu, sé que esto no es verdad. Pero en otro nivel, el que abarca mi corazón y mis emociones, he estado cavilando a veces sobre la cantidad de trabajo y determinación que insume ver al secreto siete —lealtad para toda la vida— cultivado en nuestra relación. Es por ello que el versículo del comienzo de este capítulo significa tanto para mí. El amor *es* fuerte como la muerte. No es una atracción endeble, voluble, que se evapora ante la primera señal de problemas. Oh, sé que muchas veces *se siente* así, pero la verdad es que:

> El que ama tiene paciencia en todo, y siempre es amable. El que ama no es envidioso, ni se cree más que nadie. No es orgulloso. No es grosero ni egoísta. No se enoja por cualquier cosa. No se pasa la vida recordando lo malo que otros le han hecho. No aplaude a los malvados, sino a los que hablan con la verdad. El que ama es capaz de aguantarlo todo, de creerlo todo, de esperarlo todo, de soportarlo todo. ... Hay tres cosas que son permanentes: la confianza en Dios, la seguridad de que él cumplirá sus promesas, y el amor. De estas tres cosas, la más importante es el amor. (1 Corintios 13: 4-7 y 13, BLA)

Muchas parejas utilizan esta hermosa descripción del verdadero amor en su ceremonia de bodas, como un recordatorio para que cuando el eufórico sentimiento de estar-locamente-enamorado se apague, puedan reemplazarlo por una emoción más profunda y centrada en el otro. Esta clase de amor, en realidad, genera una pasión y un entusiasmo aún más fuertes que la primera ráfaga de hormonas con la que muchos de nosotros nos encontramos cuando conocimos a nuestros cónyuges.

¿Recuerda las palabras que pronunció ante Dios, su esposo, y los que estaban reunidos en su ceremonia de bodas?

La lealtad para toda la vida se encuentra al recordar sus votos, no importa si eran los tradicionales leídos del Salterio o creativamente escritos y diseñados sólo para usted y su amado. Concluyamos con algunas verdades perdurables que reforzarán su relación y le ayudarán a mantener los fuegos de la intimidad emocional y la pasión ardiendo en su matrimonio.

Piense en por qué se casó con el hombre que está a su lado y cómo se sintió con él —antes de que comenzaran los problemas o se instalara el estancamiento.

Te tomo por esposo

Cuando las tormentosas aguas de la vida amenazan con hundir la nave de su relación, su matrimonio puede parecerle un frágil y minúsculo velero a la deriva, azotado por los vientos del Atlántico. En momentos como ese, resulta útil recordar los sentimientos que tenía por su esposo cuando recién lo conoció. ¿Qué fue lo primero que la atrajo hacia él? ¿Fue su sentido del humor? ¿La forma en que él trataba a su madre? ¿Su ética del trabajo duro? Piense por qué se casó con el hombre que está a su lado y cómo se sintió con él —antes de que comenzaran los problemas o se instalara el estancamiento.

A menos que usted haya tenido un matrimonio concertado por sus familias, ¡usted eligió a su esposo y fue feliz al hacerlo! Muy pocos de nosotros nos sentimos forzados a decir "sí, quiero". Pero resulta fácil olvidar la atracción que alguna vez se sintió por el otro cuando las presiones de la vida anegan su crucero del amor. Cuando esto sucede, deje que el poderoso efecto de los recuerdos placenteros la empujen en la dirección correcta. Mire el álbum de fotos de su fiesta de casamiento, rememore el tiempo de su noviazgo, relea sus viejas cartas de amor. Haga lo que sea necesario para reavivar los sentimientos que el uno tenía por el otro —y no lo haga sólo para su aniversario. Recuerde, usted le dijo que sí a su esposo y lo eligió entre todos los hombres que conocía.

Haga lo que sea necesario para reavivar los sentimientos que el uno tenía por el otro —y no lo haga sólo para su aniversario.

Si usted se casó en circunstancias que no eran exactamente las ideales, no puede volver el tiempo atrás para cambiarlas, aunque deseara hacerlo. Pero por favor, no permita que un comienzo imperfecto defina el resto de su relación. Aunque no estuviera segura de que casarse con este hombre fuera lo correcto, ahora lo es. Tal vez usted no se hubiera casado con el hombre con quien se casó —pero quedó embarazada y sintió que debía casarse con el padre del bebé. O quizás usted tuvo sexo con su novio y sintió que debía casarse con él porque ya habían tenido intimidad física. Estos son asuntos legítimos que deben ser enfrentados. Al hacerlo, frecuentemente hallará que la necesidad del perdón se encuentra en el núcleo de nuestro abatimiento.

Comience por pedirle perdón a Dios. Luego pídanse perdón el uno al otro y, finalmente, perdónese usted misma; ésta suele ser la parte más difícil para la mayoría de nosotras. Alabe a Dios, Él está más que deseoso de ayudarnos a salir adelante de cualesquiera situaciones que hayan empañado nuestra soñada boda. Él anhela hacer borrón y cuenta nueva para darle a nuestra relación un comienzo totalmente nuevo.

Algunas parejas eligen renovar sus votos, ya sea en privadamente o ante unos pocos amigos cercanos y familiares, en honor a la recién descubierta devoción del uno por el otro. Es maravilloso ver cómo Dios crea esplendor de las cenizas, como prometió hacerlo en Isaías 61:3, en las vidas de sus hijos.

Mi legítimo esposo

Elisabeth Elliot escribió en *Let Me Be a Woman* (Permíteme ser una mujer), un libro de cartas que ella le hizo a su hija cuando se comprometió en matrimonio:

> Te casas con un hombre, no con una mujer ... pero algunas mujeres esperan que sus esposos sean mujeres, que actúen como mujeres. Quieren el matrimonio, con todos los beneficios que éste ofrece —un hogar, niños, seguridad y un estatus social, pero no necesariamente un hombre. Lo ves, un hombre tiende a ser más grande y más ruidoso y rudo y a ser más hambriento y sucio que lo que una mujer espera. ... ella aprende que lo que la hacer llorar, a él lo hace reír. Cualquier cosa que él haga que a ella le resulte inexplicable, ella la califica de absurda con [el comentario] "propio de hombre" como si esto fuera una condena. Es, después de todo, el hombre con el cual se casó y ella es afortunada de que él actúe como un hombre?[1]

Señoras, ¿alguna vez han deseado que su esposo actuara más como su ... *amiga*? Yo confieso que alguna vez lo he deseado. Cuando desnudo mi corazón ante Stu y a cambio obtengo un gruñido monosilábico (el cual, he aprendido, significa que está de acuerdo o que no sabe qué decir); cuando hay pelo de su barba por toda la mesada del baño y no tan sólo en la pileta; cuando es una preciosa tarde de domingo y él prefiere quedarse en casa mirando a los Broncos de Denver jugar al fútbol —entonces, ¡yo desearía que él pudiera parecerse un poco a una de mis amigas!

En la cultura de hoy, los hombres y sus preferencias suelen ser mirados con desdén. Las características masculinas que los distinguen de las mujeres son de alguna manera descriptas como malas, como algo que no debe ser apreciado. Por ejemplo, no permitir que sus niños jueguen con pistolas porque se podrían convertir en pequeños asesinos seriales. Lo intenté con nuestro hijo mayor, Luke, y ¿saben lo que hizo? ¡Masticó su pan y lo moldeó en una pistola!

Se envía a nuestros esposos e hijos varones el mensaje no demasiado sutil de que sólo las *mujeres* tienen los rasgos de personalidad que toda la gente debería tener. Por mucho que su esposo pueda frustrarla de maneras típicamente machistas, esta clase de pensamiento es totalmente errado. Dios creó tanto al hombre como a la mujer y a los dos los llamó buenos. No sólo a los hombres ni sólo a las mujeres. De manera que la próxima vez que su esposo la irrite con su falta de sensibilidad, su displicente actitud hacia el canasto de la ropa sucia, o su insaciable necesidad de ir a cazar o a pescar, agradezca a Dios que usted se sintió atraída hacia un hombre, que usted eligió casarse con un hombre y, ante todo, que en su sabiduría, Dios creó al hombre. Luego, vaya y desahóguese con su mejor amiga por las últimas "cosas de hombre" que hizo y que le molestaron.

Otro aspecto de estar casada con un hombre es entender la extraordinaria presión que afrontan los varones. Como los hombres están capacitados para enfocarse en una sola cosa a la vez, para salir y conquistar, es frecuente que su trabajo puede ser percibido como "la otra mujer" de un matrimonio. Tengo una amiga cuya actitud hacia su esposo es una muda exhortación para mí. El esposo de Carly, Phil, siempre ha hecho mucho trabajo físico. Construye y remodela casas. Carly dedica gran parte de su tiempo a mantener en buenas condiciones su casa, cocina, elabora todo ella misma, cose y cuida maravillosamente a sus hijos —además de cumplir con dos trabajos de medio tiempo.

Pese a su carga laboral, sin embargo, Carly siempre es sensible al agobio de Phil —o de cualquier otro hombre— por causa de su trabajo. En lugar de comparar sus actividades con las de Phil, ella siempre se apresura a comentar: "Oh, Phil ha trabajado tanto esta semana, realmente necesita un descanso". Stu valora verdaderamente a Carly porque suele hacer comentarios como: "Apuesto que Stu se encuentra cansado, él trabaja tanto". Me resulta algo embarazoso, porque tiendo a olvidar cuán duramente trabaja Stu. Supongo que él ya está acostumbrado a ello.

Como se casó con un hombre, acepte el hecho de que de vez en cuando deberá recordarle que necesita algo de romance. Cada mujer anhela que su amado capte intuitivamente el momento en que ella quiere ser levantada del suelo con un abrazo y sentirse valorada. Y a veces nuestros muchachos lo logran. Esos son días especiales, ¿no es cierto? Sin embargo, la mayoría de las veces deberá recordarle a su esposo que usted necesita romance. Si él se siente bien con su relación, creerá que usted también lo está, y que eso es cuanto que se necesita para que todo siga bien. Admito que quita un poco de brillo saber que es necesario que se lo hagamos notar tan claramente. ¿Pero no es mejor eso que hervir de rabia porque no ha vuelto a hacer nada romántico desde nuestro último aniversario, nueve meses atrás? La elección es suya. Sólo piense que su esposo podría no darse cuenta de por qué está se marchitando, y que una delicada señal de su parte puede ser cuanto necesite para encender el motor del romance.

Por último, si no está legalmente casada con el hombre con quien está relacionada emocional y sexualmente, oro para que tome seriamente las instrucciones de Dios para hacer su unión santa y duradera ante los ojos de Dios y de la gente que usted ama. Dios diseñó la

> Acepte el hecho de que de vez en cuando deberá recordarle que necesita algo de romance.

institución del matrimonio para la seguridad emocional de la mujer, tanto como para su protección física y sexual.

He aquí algunos principios y referencias bíblicas que explican esta visión:

El matrimonio es idea de Dios (Gn. 2:18-24).

El matrimonio es el mejor ámbito para criar a los hijos (Mal. 2:14-15).

El matrimonio es permanente (Mt. 19:6).

El matrimonio se basa en la práctica del amor, no de los sentimientos (Ef. 5:21-33).

El matrimonio es un símbolo vivo de Cristo y la Iglesia (Ef. 5:23, 32).

El matrimonio es bueno y honorable (Heb. 13:4).

Nunca sabrá cuántas bendiciones se está perdiendo al privarse del matrimonio. Es mucho más que una mera ceremonia o un trozo de papel, como muchos vanamente proclaman. Es un pacto solemne que se hace para toda la vida y que es honrado por Dios, para quienes escogen llevarlo a cabo.

Amar

Una de mis mejores amigas solía preguntarle a su esposo: "¿Por qué te casaste conmigo?". Ella anhelaba oír: "Porque eres hermosa. Porque eres maravillosa. Porque para mí no hay ninguna otra en el mundo sino tú". Pero vez tras vez ella oía: "Porque te elegí a ti". Al principio, Robin quedaba abatida. "No eres muy romántico", solía decirle. Pero con el paso de los años, ella logró entender los motivos de Carl. Él le estaba diciendo que su amor era incondicional, que no cambiaba. Carl le estaba ofreciendo su amor *ágape*, el amor sacrificial por otros que no se basa en acciones ni sentimientos, sino en su compromiso con Dios y con ella.

Robin me dijo: "Lo sé, 'yo elegí casarme contigo' no suena muy romántico, pero es exactamente lo que el corazón de cada mujer desea, sea o no consciente de ello, porque es algo permanente y perdurable. Estoy segura del amor de Carl por mí. Nunca tengo dudas ni me pregunto si él me ama, porque su amor no es algo que va y viene, no depende de su último estado de ánimo, ni de lo buena que yo sea como esposa o madre".

En este mundo inestable, cambiante, inseguro, la promesa del amor comprometido, cualesquiera sean las circunstancias, es un tesoro inestimable por el cual la mayoría de nosotros daríamos lo que fuera. Quizás usted haya pronunciado estas palabras en su boda, ¿pero trata de vivir al nivel de este tipo de amor en su relación de todos los días?

He aquí una tarea sencilla que quisiera dar a las mujeres: Pregunte a su esposo cada mañana: "¿Hay algo que quieras que yo haga por ti hoy?". Aunque su lenguaje de amor no esté en funcionamiento en ese momento, le mostrará que él es una prioridad en su vida y que usted quiere ser una ayuda idónea para él. Otra buena pregunta que requiere más compromiso y tiempo de meditación es: "Dime una cosa que sea importante para ti, en la debería concentrarme o que debería lograr para mostrarte cuánto te amo". Dado que cada espo-

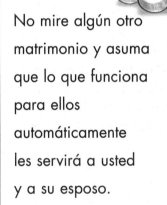

No mire algún otro matrimonio y asuma que lo que funciona para ellos automáticamente les servirá a usted y a su esposo.

so es diferente y que cada matrimonio tiene su propia personalidad, la respuesta de su amado reflejará un deseo o necesidad particular que sólo él, y nadie más, tiene. No mire algún otro matrimonio y asuma que lo que funciona para ellos automáticamente les servirá a usted y a su esposo. Consiga el autoadhesivo para parachoques políticamente correcto que dice "Celebre la diversidad", y aplíquelo a su relación.

Honrar y valorar

Honra y honor suenan como palabras tradicionales que ya no forman parte de nuestro vocabulario cotidiano. *Honor* trae a la mente caballeros de brillante armadura que se batían a duelo para defender la reputación de alguien; *honra* evoca las medidas extremas que aseguraban que una mujer se sintiera cuidada. ¿Pero qué significan, en realidad, estas palabras que probablemente hayamos pronunciado en nuestra boda? El diccionario Webster's define *honra (honor)* como "mostrar gran respeto o alta estima por; tratar con deferencia o cortesía,"? mientras que *valorar (cherish)* significa "tener a alguien en mucha estima, sentir o mostrar amor por; cuidar bien, abrigar o proteger."? Aunque estas palabras no sean de uso común hoy en día, si intentáramos ponerlas en práctica en forma activa, nuestros matrimonios crecerían y se fortalecerían.

> Honor, valor. Aunque estas palabras no sean de uso común hoy en día, si intentáramos ponerlas en práctica en forma activa, nuestros matrimonios crecerían y se fortalecerían.

¿Cómo se distingue una atmósfera de respeto, deferencia y cortesía —honra— en un hogar? He aquí algunos factores:

1. No se interrumpe cuando otro está hablando.
2. Usan las palabras "mágicas": por favor, gracias, y de nada.
3. Otorgan igual valor a las opiniones que difieren de las propias.
4. Permiten que haya diferentes gustos o preferencias.
5. No se ridiculiza a otro con sarcasmos o bromas hirientes.

Una esposa también muestra honor hacia su esposo al colocar su relación entre ambos por encima de la que tiene con sus padres, hermanas, hijos o amigos. Pregúntese si usted pasa más tiempo con sus amigas, o en el trabajo, u ocupada con sus *hobbies,* que con su cónyuge. ¿Diría que su esposo es su mejor amigo? Muchos hombres se encuentran tan ocupados con sus trabajos y otras ocupaciones que sus esposas suelen ser su fuente primaria de amistad. Aunque interactúen con otros hombres en el trabajo o los deporte, a menudo se sienten solos porque no pueden conectarse con ellos más que en un nivel superficial.

Una de las formas en que podemos brindar honor a nuestro amado es afirmando sus sueños, sus deseos, sus aspiraciones. Si usted está casada con un "soñador" eso puede resultar difícil, ya que ha escuchado tantos planes y ha visto sólo unos pocos dar frutos. Pero la alternativa es un hombre que deja de hablar, y ésta es una de las mayores quejas que oigo de parte de las mujeres. Al estar yo misma casada con un soñador, he aprendido que no necesito preocuparme demasiado ni entrar en pánico cuando Stu está soñando en voz alta —hasta que él comience a actuar y poner manos a la obra en lo que me ha compartido.

Una de las formas en que podemos brindar honor a nuestro amado es afirmando sus sueños, sus deseos, sus aspiraciones.

El honor también comprende darle a nuestros hombres el respeto que ellos anhelan. El marido promedio preferiría oír: "Querido, ¿te he dicho últimamente tres cosas que respeto de ti?" que: "Querido, te amo porque..." Inténtelo con el suyo y verá. La esposa de un varón bastante poco comunicativo asomó su cabeza en la oficina que él tiene en su casa y le dijo: "Sabes, he estado tratando de decirte algunas cosas que realmente respeto de ti". Y salió de la habitación. Él la siguió hasta el otro extremo de la casa y le preguntó: "Entonces, ¿vas a decirme cuáles son esas cosas que respetas?" Ella lo hizo, y significaron tanto para él que se abrió a ella y durante la siguiente media hora le contó todo lo que había en su corazón.

Si el honor es el amor expresado noblemente a través del autocontrol y el respeto, la honra es el lado más suave del amor. Como mujeres, anhelamos ser honradas —protegidas, cuidadas, tratadas con dulce consideración. Como contrapartida, muchos esposos se sienten honrados cuando hacemos "cosas de mujeres" para ellos. Las ocasiones en que les preparamos un plato especial, masajeamos sus pies, les acercamos una taza de café mientras están trabajando, no sobrecargamos su agenda social, alquilamos su película favorita o servimos carne en lugar de una tarta de verduras.

> Muchos esposos se sienten honrados cuando hacemos "cosas de mujeres" para ellos.

Mi hijo me dijo hace poco que no creía que pudiera salir con una muchacha joven en la que estaba algo interesado porque, a medida que fue conociéndola, se dio cuenta de que él necesitaba —según sus propias palabras— una "chica femenina". Él dijo que nunca se le habría ocurrido a esta jovencita ofrecerle un sandwich o darle un refresco frío cuando él estuviera trabajando al aire libre en un día de calor. De hecho, en una oportunidad en que él le pidió cortésmente si podía alcanzarle algo, ella le respondió "búscatelo tú".

Cuando pare de reírse, como lo hice yo, secretamente, y entienda que esta joven estaba de vacaciones de sus estudios y que no estaba trabajando, entenderá lo que mi hijo quiso decir. Una de las formas en que una mujer puede expresar su amor a su hombre es por medio de pequeñas cosas que ella puede hacer para alivianar su día y hacerle sentir que lo cuida.

En la dicha o en la adversidad

Pregúntele a cualquiera. Preferiríamos estar casados "en [los tiempos de] la dicha" y no "en [los de] la adversidad". La dicha es cuando todo el mundo goza de buena salud, su cuenta bancaria está abultada, sus padres adoran ser abuelos, usted está contenta con su casa, ambos tienen empleos que disfrutan, y sus días transcurren en una agradable compatibilidad. ¡Algunos años usted se sentirá bendecida si logra tener cinco días como estos! Como estos tiempos de "dicha" son regalos preciosos de Dios, jamás debemos darlos por sentado. Pero muchos de nosotros tenemos un problema inconsciente de actitud y esperamos que se nos dé este estilo de vida siempre.

Si anhela más de estos mejores tiempos en su matrimonio, deberá renunciar a algo de ese dañino idealismo. No está mal tener deseos y aspiraciones para su matrimonio, pero aceptar lo que es en lugar de desear siempre lo que no se tiene le traerá una mayor paz. Por ejemplo, hay parejas que tienen una gran compatibilidad, pero no una gran pasión. Otras parejas tienen toneladas de pasión, pero no son compatibles. Una afortunada minoría posee ambas, pero si ello no describe su matrimonio, pídale a Dios cómo lograr el mejor resultado con lo que tiene, de acuerdo con su personalidad y la de su esposo.

> Si anhela más de estos mejores tiempos en su matrimonio, deberá renunciar a algo de ese dañino idealismo.

Otra clave para el contentamiento es mantener su envidia bajo control. Por muy perfecta que parezca la relación de sus vecinos, toda familia tiene sus dificultades y peculiaridades. Si en verdad conociera cierta situación, probablemente no estaría deseando cambiarla por la suya. Si la familia o matrimonio que usted envidia no encierra ningún secreto, y la felicidad y el amor que comparten son genuinos, ore, y considere que lo que funciona para ellos, tal vez también sirva en su propio hogar.

Y durante esos tiempos de "adversidad", por favor, no deje que la palabra "D" —divorcio— se convierta en una opción. Tenga cuidado de no apelar al divorcio sólo porque se encuentre sufriendo en algún momento. Nuestra generación ha decidido que la felicidad es el dios al que hemos de servir, y casi todas las decisiones que tomamos las tamizamos por ese filtro. Los Dres. Henry Cloud y John

Townsed concuerdan en que: "Las personas que siempre quieren estar felices y persiguen este ideal por encima de cualquier otra cosa se convierten en las personas más miserables del mundo... La felicidad es el resultado de hacer el trabajo sobre el carácter que todos necesitamos para estar contentos y gozosos en cualquier situación en que nos encontremos... si nuestra guía es la felicidad, y de pronto ésta se va, asumimos que algo anda mal."[4] El perdón mutuo, la humildad hacia Dios y hacia el otro, y la oración, pueden convertirse en los mejores factores que sostengan a la pareja unida durante los tiempos de "adversidad".

En la riqueza y en la pobreza

Así como "en la dicha", si nos dieran a elegir, siempre elegiríamos ser ricos, ¿no es cierto? Cuando no podemos llegar a fin de mes sin recortar algo necesario, o cuando nunca podemos disponer de algo extra, los niveles de estrés aumentan. Por otro lado, al tener más de lo necesario a veces puede sentirse vacío. ¿Cuántas parejas, una vez que alcanzan sus metas financieras, se distancian? ¿Cuántas veces las personas se convierten en mezquinas o en adictas al trabajo porque se dejan influenciar por la inseguridad económica? Proverbios 30:8-9 nos da la guía para poder orar sobre este tema: "...no me des pobreza ni riquezas sino sólo el pan de cada día. Porque teniendo mucho, podría desconocerte y decir: ¿Y quién es el Señor? Y teniendo poco, podría llegar a robar y deshonrar así el nombre de mi Dios."

El perdón mutuo, la humildad hacia Dios y hacia el otro, y la oración, pueden convertirse en los mejores factores que sostengan a la pareja unida durante los tiempos de "adversidad".

Cuando usted y su esposo se encuentran trabajando lo mejor que son capaces, y aún así no logran obtener el dinero necesario, revise su actitud haciéndose las siguientes preguntas:

1. *¿Estamos haciendo todo lo posible para proveer para nuestra familia, de acuerdo con los dones y talentos que Dios nos ha concedido?* No todo el mundo es apto para los estudios universitarios. No todo el mundo tiene la habilidad comercial necesaria para llevar adelante una empresa. Mírese objetivamente, a usted y al hombre con quien se casó, y si sabe en su corazón que ambos han dado en el blanco, acepte ya sea los límites financieros o la abundancia que viene con el paquete.

2. *¿Hay algo que podamos hacer para mejorar nuestra situación financiera?* ¿Puede tomar otro empleo sin sacrificar el bienestar de su familia? Otra opción por la que muchas mamás-amas de casa optan es el volverse expertas en tacañería. Cuando un amigo de Luke, cuya madre trabajaba a tiempo completo, compró un vehículo todo terreno, Luke se puso celoso. "Ojalá me pudiera comprar algo así, pero nunca podré porque ustedes no trabajan fuera de casa". (En verdad, yo trabajaba medio tiempo durante las horas escolares, tres o cuatro días por semana, cuando él dijo eso.) Antes de que yo pudiera decir algo, su amigo contestó: "Preferiría tener a mí mamá en casa antes que este vehículo. Nunca la veo". Y esto vino de un chico de catorce años.

Resulta difícil alimentar una relación con pasión e intimidad emocional cuando uno está constantemente peleando y discutiendo sobre dinero. Si su esposo es el "gastador compulsivo", edúquese y dé los primeros pasos para encarrilarlo en la dirección correcta. Si es usted la que está viviendo más allá de sus posibilidades, ore por contentamiento y sabiduría respecto a por qué gasta de más. Habiendo vivido de sueldo en sueldo la mayor parte de mi matrimonio, sé que el tener cierto margen en nuestras finanzas disminuye definitivamente el estrés en nuestra relación. Permite que Stu sea el hombre generoso que le gusta ser, y yo no sufro un colapso con cada gasto.

En la salud y en la enfermedad

Todos sabemos qué condición —salud o enfermedad— es la que preferimos. Si nos dieran la opción, ¿alguno de nosotros preferiría estar enfermo? Por supuesto que no. Pero no vivimos en un mundo perfecto, y varias enfermedades o problemas de salud sirven para disminuir el fuego del matrimonio. Mujeres con lágrimas en los ojos me han confiado que problemas de fertilidad o abortos espontáneos han afectado negativamente su pasión y romance. Cónyuges inmaduros abandonan la carrera cuando la cosa se complica. Una querida mujer que asistía a un estudio bíblico que yo enseñaba fue diagnosticada con cáncer de mama. Luego de la mastectomía, su esposo le dijo: "Yo no firmé para esto", y la dejó. También leí sobre una mujer que se llevó a su hijita y abandonó a su esposo cuando él tuvo un accidente y resultó confinado a una silla de ruedas. La enfermedad física no es algo grato, y debido a que nuestra naturaleza humana se inclina a evitar lo desagradable, los votos matrimoniales incluyen el ser consecuentes aún "en la enfermedad". Un matrimonio puede ser puro fuego en la salud, pero también puede crecer aún más profunda y fuertemente en la enfermedad.

La enfermedad emocional también puede impactar los matrimonios. Muchas veces, en el transcurso de la vida matrimonial, uno de los cónyuges cambiará. Es importante no minimizar el impacto que eso puede tener en una relación, especialmente en la persona que no ha cambiado. Aún los cambios buenos pueden causar diferencias. Si su cónyuge ha sido codependiente, con exceso de peso, alcohólico, adicto o abusivo —y usted siempre pensó que las cosas serían excelentes con sólo que él dejara esos hábitos—, las cosas pueden complicarse cuando los roles cambian y lo que solía funcionar de determinada manera ya no sirve. El cambio es difícil al principio, pero el aceptar los progresos que su cónyuge vaya logrando la beneficiarán también a usted.

Dejar a todos los demás

"Dejar a todos los demás" significa dejar a todas las otras personas por el bien de su cónyuge. Dios nos instruye en Génesis: "Por tanto, dejará el hombre a su padre y a su madre, y se unirá a su mujer." (Génesis 2:24, RV60). Este es el primer paso para crear la unidad marital. Tanto el hombre como la mujer deben cortar el cordón umbilical que los unía a sus padres con el fin de poder construir una relación íntima y amorosa.

Cuando usted le prometió a su esposo que dejaría a todos los demás, también le cerró la puerta a la más mínima consideración de otro amor, ya sea en la vida real o vía internet. Oí alguna vez que ser fiel al pacto de su matrimonio significa renunciar a cualquier relación en la cual pueda encontrar mayor satisfacción emocional o deleite que con su cónyuge. Esto constituye un claro filtro por el cual pasar todas nuestras relaciones, no sólo las que podamos mantener con el sexo opuesto.

Sé cuán tentador es llenar su vida íntima y social con gente que le brinde placer en lugar de dolor, especialmente si se encuentra en una etapa difícil con su esposo. Si usted se encuentra luchando en este momento, por favor, regrese al capítulo 5. Relea la sección sobre los lazos emocionales y haga la oración sobre la separación. Si usted se encuentra envuelta en una aventura amorosa, por favor, termínela. Por el bien de su matrimonio, su familia, su relación con el Señor, la reputación de Él, y cualquier ministerio que Dios quisiera encargarle que lleve adelante, le ruego que renuncie a todos los demás por su esposo.

Con mi cuerpo, te adoro

Esta preciosa frase ya casi no se usa en las bodas de hoy en día. Aún así, más que cualquier otra promesa que podamos hacer, creo que ésta es la que captura la profundidad de la intimidad y la unidad que Dios pretende para el matrimonio. La adoración, que es parte de la íntima relación de amor con Dios, se extiende para incluir mostrar adoración a su cónyuge a través de la relación sexual.

¿Usted adora a su esposo con su cuerpo, o se le niega? ¿Le está entregando su cuerpo libremente, sin reservas? ¿Se esfuerzan ambos para hacer sentir al otro apreciado y adorado en el dormitorio? "En el diseño de Dios, el sexo y un matrimonio íntimo jamás pueden estar separados"[5]. No importa cuán excelente esposa sea usted en cada área de su matrimonio: cocinera fabulosa, limpiadora exigente, madre devota, maga financiera, incluso físicamente atractiva. Si usted no está dedicada a expresar amor a su esposo a través de su relación sexual —adorándolo con su cuerpo— no experimentará la amplitud total de la intimidad y pasión para la cual fue diseñada su unión.

> Y permanecer felizmente casado para toda la vida debería ser considerado entre las bellas artes."

De hoy en adelante

"Casarse es sencillo. Permanecer casado es más difícil. Y permanecer felizmente casado para toda la vida debería ser considerado entre las bellas artes."[6]. Una clave para permanecer casado de por vida es intentar hacer al menos una cosa por día que haga que su matrimonio siga ardiendo. Ahora, antes de que tire su libro y diga: "¡Eso es imposible!", recuerde que en el capítulo 6 la desafié a hacer de la relación con su esposo la segunda prioridad en su vida, apenas después de su relación con Jesucristo.

En la práctica, ¿cómo lleva a cabo esto una madre y esposa ocupada? Una vez más, la respuesta es simple, pero no es fácil. Comience ordenando sus días con su amado en mente. En primer lugar, asegúrese de estar pasando un tiempo regular con Dios en su Palabra, oración y adoración. Luego, haga una cosa que sabe será significativa para su esposo y que afianzará su matrimonio ese día. ¿Cómo sabe cuál es esa cosa? Pregúntele. Tal vez él solo quiera que le prepare su almuerzo esa mañana, o tal vez quiera que usted reserve algo de su energía para esa noche. Pudiera ser que quiera que haga el balance de la chequera, porque usted es mejor con las cuentas que él, o que lo salude en la puerta con un gran beso y un abrazo.

> La relación con su esposo la segunda prioridad en su vida, apenas después de su relación con Jesucristo.

Una joven esposa me dijo que uno de los consejos que sacó de mi charla "¡Puro fuego!" es que ahora hace la cama todos los días para que el dormitorio se vea arreglado y hermoso y se sienta como un nido de amor para ella y su esposo. La revista *Enfoque a la familia* sugiere que las parejas deben "conversar todos los días, orar juntos y besarse apasionadamente."[7] Como he dicho en otras partes de este libro, conviértase en una experta en su hombre y déjele saber cuánto significa para usted, al hacer de él su prioridad. Haga al menos una cosa por día que le demuestre cuán importante es para usted; no le dé sólo lo que le sobra.

"De hoy en adelante" también significa que no puede reescribir el pasado, pero usted puede decidir en su corazón y con la ayuda de Dios comenzar cada día pidiéndole al Señor que la llene con un renovado amor por su esposo. Enfrente las preocupaciones que hacen su matrimonio desagradable, y acepte lo que probablemente nunca cambiará, en tanto no sea dañino para usted ni para los niños.

Usualmente asociamos la "Oración de la serenidad" con alcohólicos u otros programas de recuperación, y muchos de nosotros sólo conocemos las primeras cuatro líneas. Pero el otro día encontré toda la oración en un libro y fui profundamente tocada. Sean cuales fueren las circunstancias de nuestra vida, cada uno de nosotros podría beneficiarse al vivir de acuerdo con estas palabras:

> *Oración de la serenidad*
> Dios, concédeme la serenidad
> para aceptar las cosas que no puedo cambiar,
> el valor para cambiar las cosas que puedo cambiar
> y la sabiduría para conocer la diferencia.
> Viviendo un día a la vez,
> disfrutando un momento a la vez;
> aceptando las adversidades como un camino hacia la paz;
> aceptando, como lo hizo Jesús,
> a este mundo pecador tal y como es,
> y no como me gustaría que fuera;
> creyendo que tú harás que todas las cosas estén bien
> si yo me entrego a tu voluntad;
> de modo que pueda ser razonablemente feliz en esta vida
> e increíblemente feliz contigo en la siguiente.
>
> Reinhold Niebuhr

Lo que Dios ha unido

En Eclesiastés leemos: "¡La cuerda de tres hilos no se rompe fácilmente!" (4:12) Muchas parejas cristianas utilizan este versículo en su ceremonia nupcial porque la interpretación generalmente aceptada implica que los tres cordones son usted, su esposo y Dios. Una unión con Dios en el centro debería mejorar nuestro carácter de manera que "un hombre y una mujer sean mejores juntos de lo que podrían llegar a ser estando solos."[8]

¿Pero qué ocurriría si usted o su cónyuge no estuvieran conectados con el maravilloso, todopoderoso Dios del universo, y estuvieran tratando de hacer funcionar su matrimonio sin Él? Algunas parejas parecen mantener su relación unida y estable sin depender del Señor. A estos individuos capaces les diría, dada la fortaleza de su relación, ¿pueden imaginarse cuánto más profunda podría ser y la bendición que podrían ser para otros si invitaran a Dios a ser parte de su matrimonio? Luego estamos el resto de nosotros, que dudamos de poder continuar casados si Dios no fuera el centro de nuestras vidas cada uno de nuestros días.

Uno de los momentos más especiales que he experimentado en mis años de compartir mi charla "¡Puro fuego!" ocurrió en mayo pasado. Estaba hablando en Denver, y todo estaba saliendo mal. Era una de esas mañanas en las cuales ansiaba terminar mi charla rápidamente, y luego poder consolarme almorzando con una amiga. Cuando me senté a la mesa donde firmaría los libros para la venta, una joven se me acercó y, con lágrimas en sus ojos, me preguntó si podíamos hablar en privado.

Tan pronto me senté, Kara dijo: "Denise, yo no creo ser una cristiana como tú dices que debe ser una cristiana". Durante la siguiente media hora, ella me abrió su corazón y me contó las complicaciones de su matrimonio, que eran considerables. Cuando acabó, le tomé su mano y le dije: "Primero, hablemos sobre tu comentario acerca de que no crees ser una cristiana". Le expliqué que una cristiana es alguien que reconoce que necesita el perdón de Jesucristo en su vida, y que sólo a través de Él puede tener relación con Dios. Finalicé diciendo: "¿Entiendes?". Me miró, movió la cabeza, y respondió sinceramente: "No del todo".

La intervención directa de Dios guió claramente el resto de nuestra conversación. Me había dicho que tenía un niño de dos años, Taylor, y él era todo para ella. De manera que volví a comenzar.

"Kara, Taylor significa todo para ti, ¿no es cierto?"

"Sí", dijo silenciosamente, con un gesto.

"¿Harías por los niños del vecino lo mismo que haces por Taylor?" Me respondió: "No. Ellos no son mi sangre".

Asentí y continué diciendo: "Kara, cuando no estamos conectados con Dios a través de la fe en su Hijo, Jesucristo, somos a sus ojos como esos niños del vecino. No somos familia. Kara, quiero que Dios pueda hacer todo lo que desee por ti y tu esposo, pero hasta que no lo conozcas a través de su Hijo, no eres familia para Él, y Él no podrá hacer por ti todo lo que le gustaría hacer."

> Hay una medida de confort que podemos descubrir al reconocer que Dios escoge cuidadosamente pruebas y placeres específicos para que usted crezca y se convierta en la mujer madura y hermosa que Él anhela que sea.

A esta altura, le pregunté una vez más si entendía lo que significa ser una cristiana, y me dijo: "Sí, entiendo". Tuve entonces el privilegio de preguntarle si quería orar y pedirle a Jesucristo que sea su Señor y Salvador de manera que pudiera estar conectada con Dios y ser parte de su familia para siempre. Inclinamos nuestras cabezas y oramos para que sus pecados fuesen perdonados. Luego le pedimos a Cristo que entre a su corazón y sea su Señor y Salvador. El alma de Kara fue salva desde ese día y por la eternidad, y espero que su matrimonio también lo haya sido.

Dios tenía una cita ese día con Kara para que ella se transformara en una de sus hijas, y ella no lo sabía. Tal vez hoy Él esté esperando para tener una cita similar con usted.

Hasta que la muerte nos separe

Bueno, hemos llegado al final de nuestro libro, así como a la última porción de nuestros votos matrimoniales. Cuando estaba de pie como una novia soñadora en el altar con su apuesto novio, seguramente nunca se hubiera imaginado lo que les depararía toda su vida juntos: tiempos felices, otros frenéticos, y otros difíciles. Hay una medida de confort que podemos descubrir al reconocer que Dios escoge cuidadosamente pruebas y placeres específicos para que usted crezca y se convierta en la mujer madura y hermosa que Él anhela que sea. Cuando nos casamos, ninguno de nosotros sabe con seguridad cuándo durará nuestra relación. Esperamos pasar el crepúsculo de nuestras vidas envejeciendo junto a nuestro amado. Y muchos de nosotros seremos bendecidos exactamente con eso. Pero la verdad es que la muerte puede irrumpir en cualquier momento. En ocasiones previa advertencia, como en el caso de enfermedades terminales, y en otros casos sin aviso ni preparación alguna. Cuando llegue, como nos sucederá a todos, ¿no le gustaría saber en lo profundo de su corazón que no tiene nada de qué lamentarse en lo relativo a la relación con su esposo? Permítame concluir con la historia verídica de una joven esposa cuyo matrimonio terminó demasiado rápido, pero sin remordimientos.

Un matrimonio sin remordimientos

Nuestras tres preciosas sobrinas viven en Oklahoma. No sólo son hermosas físicamente, sino que espiritualmente también son adorables. Talentosas (todas cantan como ángeles), atléticas (las tres juegan al basketball) y trabajadoras, estas tres muchachas son encantadoras en todo aspecto.

Cuando tenía diecinueve años, Stephanie, la hermana del medio, sorprendió a todos al comprometerse con un muchacho seis años mayor que ella, Tekon McCune. Tekon ya era dueño de su propio negocio de construcción, había construido la casa de tres dormitorios en la que vivió apenas terminó la escuela secundaria, y era un popular líder entre los jóvenes de la iglesia. Además, este varón de Dios jamás había tenido una novia ni había besado a nadie hasta que conoció a Stephanie. Tekon y Stephanie sólo tenían ojos el uno para el otro y su primaveral ceremonia tuvo todo lo que una boda debería tener. Comenzaron felizmente su vida matrimonial con algunos de los ajustes comunes para todo recién casado.

Avancemos rápidamente a junio de 2004. Tekon, Stephanie y sus hermanas se nos unieron en nuestro lugar favorito de vacaciones, en Missouri: el lago Tablerock. Stephanie estaba embarazada de siete meses y se la veía resplandeciente. Tekon era tan solícito como nunca con su joven esposa, al ayudarla a subir o bajar del bote, asegurándose siempre que estuviera cómoda, actuando de la forma tierna con que cada mujer sueña que su esposo la trate, especialmente cuando está embarazada.

Luego de cuatro días que esquiar en el agua, salir de compras para el bebé, juegos de mesa y barbacoas, nos reunimos todos en su último día allí en un sitio del lago conocido por sus espectaculares saltos sobre los acantilados. Más de veinte botes se encontraban anclados en la bahía, mientras las familias nadaban cerca de los acantilados y hacían picnics en sus botes. El sol brillaba, y podíamos oír gritos de risas y aplausos cada vez que alguien saltaba en el agua azul oscura.

Cuando algunas almas valientes de nuestro grupo anunciaron que saltarían del risco, Tekon se les unió. Stephanie confesó que él siempre era algo temerario —y que había terminado en el hospital varias veces con contusiones debido a sus travesuras. Le aseguramos que nada de eso sucedería. La gente saltaba los riscos todos los días, y nunca habíamos visto que alguien saliera lastimado.

Stephanie se sentó, con la videocámara en su mano, en la proa de su bote. No quería perderse ni un segundo del salto de Tekon. Justo antes de que él saltara, me miró y me dijo: "Tía Denise, la videograbadora no funciona y no sé por qué. Me aseguré que la batería estuviese cargada. Oh, bueno, supongo que me tendré que conformar con sacar una foto con la cámara fotográfica en lugar de grabar".

En ese momento, oímos que Tekon gritaba: "¿Estás lista, Steph?".

"Estoy lista, amor", le respondió ella.

Cuando Tekon surcó el aire, noté que se había encorvado en un ángulo de cuarenta y cinco grados y me pregunté por qué, ya que uno pretendería golpear el agua en una posición lo más derecha posible. Me preocupé un poquito, pero un hombre adulto, en mal estado físico, había caído en una posición rara unos saltos antes y se encontraba perfectamente bien, de manera que no me preocupé demasiado.

Cuando Tekon golpeó el agua, se pudo oír el colectivo "Ow-w-w", el sonido que todos hacían cuando la caía se veía mal. Como tenía puesto un chaleco salvavidas, salió enseguida a la superficie por un momento. Luego se dio vuelta, boca abajo en el lago, y permaneció allí, inmóvil. En un instante, toda la bahía estuvo completamente en silencio. Los segundos pasaban y Tekon permanecía boca abajo hasta que Stephanie comenzó a gritar: "¡Alguien que lo ayude! ¡Alguien que lo ayude!". Ella se incorporó en el bote, sobre el pie del risco, saltó al lago y comenzó a nadar hacia él.

Dos doctores y una enfermara profesional se encontraban en otros botes en la bahía aquél día. Se acercaron inmediatamente al bote al que habían subido a Tekon y comenzaron a practicarle resucitación cardiopulmonar. Los paramédicos nos encontraron en la costa y continuaron intentando revivirlo, pero era en vano. Tekon había muerto instantáneamente, y un matrimonio gentil y que honraba a Dios, que debería haber durado toda una vida y que fue tal bendición para tanta gente, había llegado a un abrupto final.

Varios días después, mientras sostenía a Stephanie entre mis brazos y la dejaba llorar, me miró y me dijo: "Tía Denise, la noche antes irnos de vacaciones, sabías que Tekon y yo pasamos más de cinco horas viendo el libro que Rachel [su hermana] nos había regalado, que se llama *Just the Two of Us? (¿Sólo nosotros dos?)* Nos dijimos todo lo que dos personas enamoradas querrían decirse. En las dos semanas antes de morir, varias noches ocurrió lo mismo. De hecho, Tekon vivía cada día conmigo de esa manera. Cada noche, antes de dormir, me tomaba entre sus brazos y me decía: "Gracias por casarte conmigo".

"Si alguna otra persona de las que amo muriera, habría tenido remordimientos por no haber dicho o no haber hecho todo lo que hubiera querido por esa persona antes de que muriera. Estoy tan agradecida de no tener ningún remordimiento con Tekon."

Luego de leer la historia de Stephanie, oro para que usted tenga el deseo de hacer todo cuanto esté a su alcance para vivir su matrimonio sin remordimientos. No un matrimonio perfecto, sino una relación en la cual la intimidad emocional y la pasión sean alimentadas y crezcan porque le ha dado todo su amor, honor y honra al varón que Dios le ha concedido.

Dios la bendiga mientras pone en práctica estos secretos para hacer del suyo un matrimonio de puro fuego.

Epílogo

Esta es una nota personal para la mujer que ha leído este libro, intentando con todo su corazón poner en práctica los siete secretos, pero aún así se ha encontrado con una derrota o a lo sumo una tibia respuesta de parte de su esposo. Por favor, entienda que las claves y enseñanzas que he desarrollado en este libro funcionan mejor para las esposas con matrimonios comprometidos y estables. Una de mis mayores preocupaciones es que una lectora se sienta un fracaso porque las ideas aquí presentadas no han mejorado su matrimonio.

Si su esposo está enredado con o controlado por alguna adicción, abuso o en una relación adúltera, los "secretos" que he compartido sencillamente no funcionarán. Estos estímulos y ayudas son para los matrimonios comunes que pueden haber resbalado un poco (o mucho) debido a negligencia, épocas difíciles de la vida, aburrimiento o estancamiento, y que sólo necesitan cierta guía o motivación para comenzar a andar en la dirección correcta.

Dicho esto, dudo que mi libro sea de alguna utilidad para aquellos matrimonios que se encuentren en profundo peligro. Oración, consejo piadoso, educarse sobre la causa del problema o problemas, decidir un plan de acción, y el respaldo amoroso de cristianos maduros son esenciales para poder lidiar con un matrimonio disfuncional. Nuestro maravilloso Dios es más que fiel. Él oye cada grito de nuestro corazón y nos responde a medida que buscamos conocer y llevar a cabo su suprema voluntad para nuestras vidas. Si usted se encuentra en un matrimonio doloroso, que el Señor la bendiga y sostenga mientras encuentra la fortaleza para iniciar los cambios y encaminarse hacia poder sanar su relación.

Con el amor de Cristo,
Denise Vezey

APÉNDICE

Preguntas para parejas

1. Si recibieras de regalo US$ 5,000 ¿cómo los gastarías?
2. Si pudieras vivir en cualquier lugar del mundo, ¿cuál sería ese lugar?
3. De todas las posesiones materiales que tienes, ¿cuáles te brindan mayor placer?
4. ¿Qué programa de televisión te gustaría protagonizar?
5. ¿En qué piensas cuando no puedes dormir?
6. ¿Qué te gustaría inventar para hacer la vida mejor?
7. Si escribieras un libro, ¿cuál sería su título?
8. Si hubieses sido algún personaje histórico famoso, ¿quién hubieras sido?
9. Si te perdieras de noche en un bosque, ¿qué harías?
10. ¿Qué te gusta hacer en tu tiempo libre?
11. ¿Qué es lo que sabes hacer bien?
12. Comenta cómo fue uno de los días más felices de tu vida.
13. ¿Qué es lo que más te gusta de ti?
14. ¿Qué es lo que menos te gusta?
15. ¿Por qué te gustaría ser recordado luego que mueras?
16. En una frase, ¿cómo describirías la razón de existir?
17. ¿Cómo definirías la paz?

18. ¿Qué te hace sentir triste?

19. ¿Cuál fue tu momento más embarazoso y por qué?

20. ¿Qué es lo que realmente te molesta?

21. Cuando estás solo y nadie puede verte u oírte, ¿qué te gusta hacer?

22. ¿Qué crees que hace que un matrimonio sea feliz?

23. ¿Cuáles son las cuatro cosas más importantes de tu vida?

24. ¿Cómo describirías el cielo?

25. ¿Qué fue una gran desilusión en tu vida?

26. Si pudieras cambiar tu edad ¿qué edad te gustaría tener?

27. ¿Cómo describirías a la mejor maestra o maestro que has tenido?

28. ¿Cuál fue un punto de inflexión en tu vida?

29. ¿Qué hace que una casa sea un hogar?

30. ¿Qué consejo le darías a una mujer u hombre joven que esté por casarse?

31. ¿Cómo completarías la frase: "Las palabras no alcanzan para describir cómo me sentí cuando..."?

32. ¿Cómo sería tu vida ideal?

33. ¿Qué cosas hacen complicada tu vida?

34. ¿Por qué tres cosas puedes estar agradecido?

35. ¿Cuáles son los sentimientos que más te cuesta expresar?

36. De los nombres de Dios, ¿cuál es tu favorito?

37. ¿En qué actividad participas que involucra tu corazón, mente y alma?

38. ¿Qué meta espiritual estás intentando alcanzar?

39. ¿Cómo experimentas la presencia de Dios?

40. ¿Cuál es tu himno o alabanza favorita?

41. ¿Cuándo fue la última vez que sentiste la guía de Dios?

42. ¿Puedes mencionar una vez en que tus sentimientos hayan sido heridos?

43. ¿Cuál es tu mayor temor?

44. ¿Cuál es uno de tus recuerdos favoritos?
45. ¿Cómo describirías tu vida actual?
46. ¿Qué sueño de tu vida te gustaría ver hecho realidad?
47. Si tuvieras que mudarte y sólo pudieras llevar contigo tres cosas ¿cuáles serían esas tres cosas?
48. ¿Cuál es tu habitación favorita de casa y por qué?
49. ¿Qué talento desearías tener?
50. ¿Cómo defines la valentía?
51. Menciona a alguien que consideres valiente.
52. Si pudieras viajar a cualquier lugar del mundo, ¿a dónde irías?
53. ¿Sobre qué te gusta soñar despierto?
54. Si alguien escribiera un libro sobre ti, ¿cuál sería el título?
55. ¿De qué logro estás más orgulloso en tu vida?
56. ¿Puedes compartir una cosa en la que te sientas un fracaso?
57. Si pudieras volver el tiempo atrás y cambiar un aspecto de tu vida, ¿cuál sería?
58. ¿Qué te hace feliz?
59. ¿Cómo pasarías el día perfecto?
60. ¿Cuál es la primera pregunta que quieres hacerle a Dios cuando llegues al cielo?
61. ¿Con qué personaje de la Biblia te sientes identificado?
62. ¿Cuándo fue la última vez que te sentiste particularmente cerca de Dios?
63. ¿Cómo ha respondido Dios a tus plegarias últimamente?
64. ¿Cuándo ayudaste a alguien verdaderamente?
65. ¿Cuál es tu juego favorito?
66. ¿Cuál es tu pasatiempo favorito?
67. ¿Cuál es tu cita o versículo bíblico favorito?
68. ¿En qué color piensas cuando piensas en el amor?
69. ¿Qué parte de la Biblia te resulta difícil de entender?
70. ¿Qué crees que dicen tus amigos de ti cuando no estás presente?

71. Si pudieras cambiar una cosa de ti, ¿qué sería y por qué?

72. ¿Alguna vez te has sentido desilusionado con Dios?

73. ¿Cuál es uno de tus recuerdos favoritos de tu matrimonio?

74. ¿Cómo completarías la frase: "Me siento amado/amada cuando..."?

75. ¿Cuáles son tus esperanzas y sueños respecto a tu relación?

76. ¿Ha habido alguna ocasión en la yo te haya decepcionado?

77. ¿En qué momento te sientes más vulnerable?

78. ¿Cuál fue la cosa más difícil que has tenido que hacer?

79. ¿Qué epitafio quieres sobre tu tumba?

80. Si sólo te quedara una semana de vida, ¿cómo la pasarías?

81. Si pudieras tener una mejor relación con una persona, ¿quién sería esa persona?

82. ¿Qué frase o dicho te alienta o anima?

83. ¿Quién ha tenido una influencia positiva en tu vida y por qué?

84. ¿Qué logro reciente es importante para ti?

85. ¿Puedes compartir una situación en que obtuviste la victoria sobre el pecado?

86. ¿Quiénes son seis personas con las que te gusta estar y por qué?

87. ¿Cuál es el título de tu libro favorito?

88. ¿Cómo puedo ser una mayor bendición para tu vida?

89. ¿Cómo puedo ser un mejor esposo/esposa para ti?

90. ¿Cómo puedo ser un mejor /una mejor amante para ti?

Recursos

Aborto

Organizaciones

Care Net (Red de protección), 109 Carpenter Dr., Sterling, VA 20164, (703) 478-5661, E-mail: Carenet@erols.com

Women Exploited by Abortion (WEBA) (Mujeres explotadas por aborto), PO Box 278, Dawson, TX 76639

Video

After the Choice (Después de la elección), Concerned Women for Amercia (Mujeres preocupadas por Estados Unidos), 800-527-9600

Adulterio

Libros

Boundaries in Marriage (*Límites en el matrimonio*) Henry Cloud y John Townsend (Grand Rapids, MI: Zondervan, 1999)

Love Must Be Tough (*El amor debe ser firme*) James Dobson (Nashville: Word, 1983)

Unfaithful (Infiel), Gary y Mona Shriver (Colorado Springs: Cook, 2005)

Consejería

Focus on the Family Counseling Department (Departamento de Consejería de Enfoque a la Familia), 1-800-A-FAMILY

Pornografía

Organizaciones

National Coalition Against Pornography (Coalición nacional contra la pornografía), 800 Compton Rd., Ste. 9224, Cincinnati, OH 45231, (513) 521-6227

Pure Life Ministries (Ministerios Vida Pura), PO Box 410, Dry Ridge, KY 41035, (606) 824-4444

Libros

An Affair of the Mind (*Una aventura de la mente*), Laurie Hall (Colorado Springs: Focus in the Family Publishing (Enfoque a la familia, 1996)

False Intimacy: Understanding the Struggle of Sexual Addictions (Intimidad falsa: entendiendo la lucha de las adicciones sexuales), Harry Schaumburg (colorado springs: NavPress, 1992)

Pornography: A Human Tragedy (*Pornografía: una tragedia humana*), Tom Minnery (Wheaton, IL: Tyndale House, 1987)

Abuso Sexual

Organizaciones

Freedom in Christ Minitries (Ministerios Libertad en Cristo), Dr. Neil Anderson, 10 West Dry Creek Cir., Littleton, CO 80120, (303) 730-4211

Wounded Heart Ministries (Ministerios corazón herido), Dr. Dan Allender, (888) 977-2002

Libros

The Wounded Heart (*El corazón herido*), Dr. Dan Allender (Colorado Springs: NavPress, 1990)

Consejería

Focus on the Family (Enfoque a la familia), (800) A-FAMILY

New Life Clinics (Clínicas de la vida nueva) (800) NEW-LIFE

The Rape Abuse Incest National Network Hotline (Línea gratuita nacional de incesto o violación) 1-800-656-HOPE

Cintas

Healing Childhood Traumas (Sanando traumas de la niñez), la historia de Stephanie Fast, Focus on the Family (Enfoque a la familia), (800) A-FAMILY, cintas CS298

Además, recomiendo que se ponga en contacto con su congregación o pastor para que le pregunte sobre terapistas locales entrenados en consejería bíblica con conocimientos especiales del tema en particular.

Guía de lecturas

*Para reflexión personal
o discusión grupal*

Guía de lecturas

En estos días no podemos evitar asombrarnos cada vez que oímos que una pareja ha estado casada durante veinticinco años. Permanentemente vemos relaciones que se desmoronan a nuestro alrededor: matrimonios entre personas llenas de amargura y matrimonios entre personas buenas y agradables, matrimonios que aún deberían estar en su fase de luna de miel y matrimonios que parece que hubieran existido siempre.

En medio de todo esto, a veces le resulta difícil mantener una actitud optimista respecto de su propio matrimonio. Está demasiado consciente de las diferencias entre usted y su esposo y se le hace difícil recordar lo que originalmente le atrajo de él. Tal vez hasta se pregunte si vale la pena que se esfuerce por hacerlo funcionar.

Quiero asegurarle que sí vale la pena, no sólo para evitar el dolor del divorcio o para desarrollar el carácter a través de la perseverancia desinteresada, no sólo para bendecir a quienes la rodean al mostrarles un modelo de integridad; sino también porque usted debe experimentar la plenitud de lo que Dios quiere para su matrimonio.

Lograr armarse de esperanza durante los tiempos de desesperación es casi imposible en soledad. Rodéese de mujeres cristianas que caminen con usted y con las que usted pueda andar, de manera que puedan alentarse unas a otras a seguir adelante en esperanza.

"Que el Dios de la esperanza los llene de toda alegría y paz a ustedes que creen en él, para que rebosen de esperanza por el poder del Espíritu Santo" (Romanos 15:13).

La guía que sigue le ofrece varias opciones para su estudio. Si su esposo muestra interés en lo que usted ha estado leyendo, puede indicarle que lea la sección "Sólo para maridos". Para los momentos de estudio personal, trabaje en las secciones "Sólo para sus ojos".

Si los dos quieren trabajar juntos y enfrentar los temas relacionados con su matrimonio, realicen las actividades que se encuentran en las secciones "Sólo para amantes". Desde ya, usted puede reflexionar en las preguntas "Para su grupo" sola, con su pareja o en el ámbito de un grupo pequeño. Que Dios enriquezca sus vidas a medida que buscan lo mejor de Él para su matrimonio.

Secreto 1: Deje de querer ser perfecta

Sólo para maridos

Si su esposa se irrita un poco y no actúa para nada de manera romántica antes de que usted le haga el amor, no lo tome en forma personal. Ella puede estar dejando salir el vapor, como lo haría una tetera, para que no llegue a explotar. Disfrute del regalo que ella le ofrece: su persona, y, si en verdad quiere ganar puntos, luego de hacer el amor, pregúntele si quiere hablar de algo.

Sólo para sus ojos

Si pudiera cambiar una cosa de su esposo, ¿qué cosa sería? Escriba su respuesta en un papel, en privado.

Ofrézcale su deseo al Señor, y pídale que cambie a su esposo en esta área o que cambie el corazón de usted, lo que Dios prefiera hacer. Piense en una palabra que la impulse a orar fielmente hasta que perciba que Dios le ha respondido. Finalmente, arroje a la basura o queme su pedido secreto.

Sólo para amantes

La próxima vez que usted y su esposo tengan que lidiar con un asunto aún no resuelto, pídale al Señor que la ayude a hacer a un lado el problema y le permita ser una compañera cálida y sexualmente disponible para su esposo. Usted hasta podría tratar de iniciar el galanteo sexual, ¡con lo cual probablemente lo sorprenderá!

Luego, si lo considera oportuno, mencione el tema que ha estado molestándola (si es que aún existe), o pídale a su esposo que le comparta alguna área en la cual él sienta que usted espera demasiado de él. Dígale cuál es aquella área en la cual cree que él espera perfección de su parte. Concluya reafirmándole que no quiere que las expectativas irreales se conviertan en un problema entre ustedes.

Para usted y su grupo

1. Comparta un punto fuerte de la personalidad de su esposo que haya contribuido a mejorar su matrimonio.

2. ¿Cuál de las cuatro áreas mencionadas en el capítulo 1 son las más difíciles para usted como esposa: despojarse de sus expectativas, adaptarse complacientemente, perdonar a su esposo, o alabar a Dios por su esposo y su matrimonio?

3. Decida qué paso dará esta semana para mejorar su matrimonio, y luego dígale al grupo cuál ha sido su decisión. Por ejemplo, si lo difícil para usted es controlar sus expectativas, podría comenzar con la plegaria de Stormie Omartian, citada en el Capítulo 1, en la cual libera a su esposo de sus expectativas y las deja sobre la cruz de Cristo. Si fuera el adaptarse, podría pedirle al Señor que le muestre un área en la cual intentará activamente ser más complaciente. Si fuera el perdón, pídale al Señor que le ayude a orar para perdonar a su esposo si ha sido hiriente para con su matrimonio o la familia. Si necesita alabar a Dios por su esposo y su matrimonio, comprométase a pasar al menos cinco minutos al día haciendo solo eso.

4. Lea Colosenses 3: 12-15 varias veces esta semana y responda las siguientes preguntas:

a. ¿Cómo coinciden las cualidades descriptas aquí con las cuatro áreas mencionadas en la pregunta dos?

b. Describa un momento de su vida que tenga un significado especial para usted, durante el cual Dios le haya revelado uno o más de estos atributos. Dios, a través del Espíritu Santo, está más que deseoso de ayudarla a desplegar estos atributos frente a su esposo, si se lo pide.

5. Concluya dedicando algún tiempo a alabar a Dios por cada esposo y cada matrimonio representado allí. Haga que cada esposa agradezca a Dios en voz alta por las virtudes y las características admirables de la personalidad de su esposo, así como por el regalo de estar casados.

Secreto 2: El lenguaje de los enamorados

Sólo para maridos

Si no conoce los lenguajes primarios y secundarios de su esposa, propóngase descubrirlos. Hable su lenguaje al menos una vez a la semana durante un mes ¡y observe cómo se calienta su vida amorosa!

Sólo para sus ojos

Haga una lista de todas las veces en que su esposo la haya desilusionado en el aspecto romántico. Tal vez nunca le trae flores o se olvidó de su aniversario. Escriba lo que le haya causado pena o dolor, sea lo que fuere. Luego, diríjase al Señor y ore perdonando a su esposo por cada ofensa. No importa si la hirió por ignorancia o por indiferencia, haga a un lado los errores de su esposo en lo relativo al romance y comience de nuevo. Repita este ejercicio al menos una vez al mes por el resto de su vida juntos.

Sólo para amantes

Si usted y su esposo jamás han discutido los cinco lenguajes del amor, aparte algún tiempo para ayudarle a asimilar cómo el entender y hablar el lenguaje del otro puede contribuir a que la pasión y la intimidad en su matrimonio se fortalezcan. Si ya conocen el lenguaje del otro, haga que esto se convierta en una cálida cita "recordatoria".

Individualmente deberán escribir los cinco lenguajes del amor y luego ordenarlos según la importancia que tienen para cada uno. Hágalo aunque piense que ya conoce el lenguaje de amor de su cónyuge, porque las prioridades pueden haber cambiado. Luego, intercambien las listas y hablen de cómo quisieran que fuese expresado su lenguaje de amor. Por ejemplo, si el principal lenguaje de amor de su esposo es compartir tiempo de calidad, pídale que le describa cómo sería eso. ¿Será conversar durante veinte minutos cada noche, luego de la cena? ¿Una cita sólo para los dos —sin los niños, ni otras parejas— cada viernes a la noche, de manera que él sepa que puede pasar algún tiempo con usted a solas? Permita que su cónyuge, y no usted, defina cómo es su amor.

Hagan un esfuerzo por hablar su principal lenguaje del amor al menos una vez por semana.

Para usted y su grupo

1. Comparta con su grupo sus dos principales lenguajes del amor. Recuerde, los lenguajes del amor también sirven para el resto de la familia y los amigos, ¡así que tome nota!

2. Levantando las manos, cuente cuántas mujeres comparten el mismo lenguaje primario del amor con sus esposos.

3. Haga una tormenta de ideas con su grupo para descubrir diferentes formas en las que cada lenguaje de amor podría ser expresado. Tome nota de las ideas de manera que pueda mencionarlas luego.

4. Lea Filipenses 2:1-11 durante toda la semana y responda las siguientes preguntas:

   a. ¿Cómo puede actuar el egoísmo en detrimento de la intimidad emocional y la pasión en un matrimonio?

   b. ¿En qué forma Cristo no ha sido egoísta para con nosotros? Al ser Cristo nuestro ejemplo, nos muestra cómo ser generosos y buscar complacer los deseos de nuestro esposo, y no sólo los nuestros.

5. Ore para que el Señor le ayude a hablar el lenguaje de amor de su esposo en forma regular y que su esposo tenga un corazón deseoso de mostrarle amor en formas que sean significativas para usted.

Secreto 3: Ría y juegue

Sólo para maridos

Pídale a su esposa que nombre las tres actividades que más disfruta con usted. Encuentre tiempo en su agenda para realizar al menos una por mes. Si en verdad quiere lograr un matrimonio de puro fuego, sorpréndala organizando todo usted mismo: compre las entradas, encuentre una niñera, verifique el calendario de su esposa. Haga todo lo que sea necesario para demostrarle que está deseando pasar ese tiempo con ella.

Sólo para sus ojos (Sólo para usted/para ver en privado):

¿Hay alguna actividad recreativa que le guste realizar a su esposo pero que usted no disfruta? De ser así, haga una lista y anote por qué cada una de esas actividades le resulta desagradable. ¿Lo aleja demasiado tiempo de usted o de los niños? ¿Es muy cara? ¿Es aburrida?

Sólo para amantes

Pregúntele a su esposo cuál es la actividad en la que a él más le gustaría que usted participara y cuán a menudo le gustaría que la compartiera con él. Si él quiere que participe en un deporte con el que usted no está familiarizada, conversen la posibilidad de tomar clases, qué tipo de equipamiento necesitaría, y demás. Muestre entusiasmo por su elección, y comprométase a participar.

Para usted y su grupo

1. Comparta con el grupo en qué temporada de su matrimonio se encuentran usted y su esposo —primavera, verano, otoño o

invierno— y por qué están allí. Converse sobre si es fácil o difícil para usted ser la compañera recreacional de su esposo durante esta época y qué factores en su vida hacen que esto sea así.

2. Por turnos, cuente al grupo el mejor recuerdo que conserve de algún momento que haya pasado junto a su esposo riendo y jugando. Comente qué actividad recreacional disfruta más con él, y cuál disfruta menos o en la que no le gusta participar.

3. Lea Eclesiastés 3:1-11 varias veces a lo largo de la semana y responda las siguientes preguntas:

a. ¿Qué dicen estos versículos en cuanto a reconocer la necesidad de equilibrio en nuestras vidas?

b. ¿Tiene Dios un tiempo adecuado para todo lo que ocurre en nuestras vidas?

c. ¿Cómo impactan en su matrimonio los temas relacionados con el equilibrio y el tiempo? Si realmente buscamos la voluntad de Dios para nuestras vidas, con un corazón obediente, Él nos ayudará a ordenar nuestros días y a cuidar de todas nuestras responsabilidades, no importa en qué temporada de nuestro matrimonio nos encontremos.

4. Ore por las mujeres que están luchando con obstáculos que les impiden convertirse en las compañeras de recreación de sus esposos. Ore para que cada mujer de su grupo redescubra el gozo y la risa, la cercanía emocional y los vínculos que se forman al disponer algún tiempo para la diversión en su matrimonio.

Secreto 4: Los pequeños lujos de la vida

Sólo para maridos

Sea un dulce y haga realidad la "cita de ensueño" de su esposa. Planee todo el día, la tarde o el fin de semana —incluyendo el cuidado de sus hijos— y observe cómo ella revive, en respuesta a la calidez de su amor y cuidado.

Sólo para sus ojos

Pídale al Señor que le muestre qué lujo beneficiaría más su matrimonio en este momento: privacidad emocional, privacidad física, salir más, o pasar un fin de semana afuera los dos solos. A continuación, si es conciente de que no ha puesto demasiado esfuerzo en cierta área, pídale al Señor que la perdone y la ayude a crecer.

Si usted ha descuidado proveer privacidad emocional a su esposo, puede ser que necesite volverse más confiable o transparente. Si les hace falta privacidad física, tal vez necesite hacer algunos cambios en su hogar o intentar ser más espontánea.

Si usted no ha estado saliendo con su esposo, sea creativa y haga la primera movida en pos de restablecer un tiempo para compartir juntos. Si en el pasado se ha resistido a salir, haga a un lado sus preocupaciones y temores y diga que sí.

En su papel de carta favorito, tómese un momento para escribir una declaración a Dios y a su esposo en la que le detalle su renovado compromiso con la intimidad emocional y la pasión en su matrimonio. Podría ser algo así:

Querido Dios:

Gracias por darme a mi esposo, _____. Demasiado a menudo nuestra relación es un regalo que no valoramos. Por favor, ayúdanos a amarnos más mutuamente, de manera que podamos experimentar la intimidad emocional y la pasión que tú diseñaste para nosotros. En particular, quiero comprometerme a ser una esposa que te complazca a ti —emocional, física, espiritual y mentalmente— y especialmente poder ser alguien que brinde placer a mi esposo a través de los lujos que tú nos provees cada día. Abre mis ojos a todo lo que nos has dado y mi corazón a todo lo que tú quieres que yo sea.

Firma,

(su nombre)

(la fecha)

Finalmente, algunos días antes de hacer la tarea de "Sólo para amantes", pídale al Señor que prepare los corazones de ambos para su cita y que haga que sus espíritus se encuentren receptivos y tiernos. (Consejo para vivir mejor: ¡Todo sale mejor si se acompaña con oración!)

Sólo para amantes

Planee al menos una hora para conversar sobre los cuatro lujos: privacidad emocional, privacidad física, salidas y fines de semana afuera. Pregúntele a su esposo cuál de estos lujos preferiría disfrutar más a menudo en su matrimonio. Si él muestra menos entusiasmo por alguno de los lujos, pregúntele si usted lo ha herido en esa área. Pídale que la perdone y asegúrele que está restableciendo su compromiso con la intimidad y la pasión en su relación.

Si la que ha resultado herida fue usted, mencione con suavidad por qué se ha negado a hacer una prioridad de la privacidad, las salidas o el tiempo a solas. También podría ayudar que le dijera cómo podría inspirarla a tener más ganas de participar en estos pequeños lujos del matrimonio.

Por último, si usted no ha hablado de sus tres salidas favoritas para los tres meses siguientes, este es el momento para hacerlo —y concluya este encuentro con una nota positiva.

Para usted y su grupo

1. Dígale a su grupo qué lujo es más necesario en su matrimonio en este momento: privacidad emocional, privacidad física, salidas o fines de semana afuera. ¿Qué hace que sea difícil para usted y su esposo tomar ventaja de estos lujos que forman parte del matrimonio? ¿Falta de dinero? ¿De tiempo? ¿La etapa de la vida en la que se encuentran? ¿Cree que estos obstáculos son transitorios o permanentes?

2. Comparta una de las cuatro experiencias mencionadas más arriba que haya funcionado bien para ustedes. Tome nota de estas ideas como posibilidades futuras para usted y su esposo.

3. Lea Filipenses 4: 4-9 y 19 varias veces durante esta semana.

a. ¿Qué promete Dios en el versículo 19? Discuta en su grupo las diferentes necesidades que cada uno enfrenta.

b. ¿Alguien puede compartir de alguna oportunidad en que Dios haya respondido su promesa de suplir todas sus necesidades? ¿Cree que Dios se refiere sólo a las necesidades de la vida actual? ¿Por qué sí o por qué no?

4. El mismo Dios que la acercó a su esposo sigue profundamente interesado en que su relación se mantenga fuerte y amorosa. A medida que lo busca y renueva el compromiso en su corazón para con su esposo, puede confiar en que Él "suplirá abundantemente" todo lo que necesite, sean las finanzas, sea una niñera, o tiempo extra, de manera que su matrimonio pueda triunfar.

Ore por cada necesidad, mencionada o no, que desearía que el Señor supla. Agradézcale por su promesa de cuidar de nosotros en el futuro y por las ocasiones en que ya lo ha hecho.

Secreto 5: Liberada para amar

Sólo para maridos

Permita que su esposa le explique los conceptos vertidos en este capítulo. Luego, si fuera necesario, ore aquella plegaria que le resulte más adecuada, ya sea sólo o con su esposa. Después de ello, invite a su esposa a celebrar su nueva libertad recuperada con una noche de intimidad especial.

Sólo para sus ojos

Si aún no lo ha hecho, ore aquellas plegarias con las que usted se haya identificado. Si ya lo hizo, pero no percibió que se desatara ni notó la libertad que esperaba, júntese con una amiga o mentora y pregúntele si ella podría hacer estas oraciones por usted, poniéndose las dos de acuerdo en el Espíritu, seguras de que aquello que Dios promete, lo cumple.

Sólo para amantes

Siéntense uno frente al otro en la cama. Tómense de las manos y mírense a los ojos. Uno por vez, pídanse perdón por cada área de pecado sexual que ha estorbado su intimidad física, emocional o espiritual. Por cada ofensa por la que usted o su esposo pidan perdón, diga en voz alta: "te perdono". Tómense el tiempo que necesiten para perdonar adecuadamente, y traten cualquier otro tema que requiera más atención. De nuevo, usted puede querer celebrar su renovada cercanía con una noche de especial intimidad.

Este ejercicio puede resultar incómodo para ambos, pero podría convertirse en un dulce y sanador tiempo de clausura.

Para usted y su grupo

1. Debido a la naturaleza de este capítulo, podría resultar incómodo o inapropiado compartir con su grupo cómo específicamente le ayudó el material aquí presentado. En lugar de ello, tome algún tiempo para escribir anónimamente cuáles oraciones o secciones de los capítulos se aplicaban a usted. ¿Fue el contacto sexual fuera del matrimonio? ¿Una ligadura emocional inapropiada? ¿El divorcio o el abuso sexual, incluso la violación? ¿El perdón, la consejería o el tratar problemas físicos?

Siéntense en círculos y pongan todos los papeles en el centro. Haga que el líder del grupo los lea en voz alta. Muchas veces sentimos que somos las únicas que escondemos un espantoso secreto de nuestro presente o pasado sexual. Una medida tranquilizadora puede ser el saber que Dios perdona, obra y sana todas nuestras vidas y que no estamos solas en nuestra lucha.

2. Pida a su grupo que le comparta sus opiniones sobre las ideas presentadas en este capítulo. ¿Les encontraron sentido? ¿Les parecieron

muy alejadas de la realidad? Es sano poder hablar de conceptos que no nos son familiares. Procure tener en mente durante esta charla el viejo dicho protestante: "En lo esencial, la unidad. En lo que no es esencial, la libertad. En todas las cosas, la tolerancia". Evite toda atmósfera de altercados o controversias.

Este capítulo puede, en potencia, ser emocionalmente difícil para muchos lectores. Manténgase especialmente sensible a todo el que pueda estar enfrentando problemas o heridas. Permita que los miembros del grupo se ministren unos a otros de la forma en que Dios les haya mostrado y con cualquier historia de sanidad que quieran compartir. Deje que haya un tiempo extenso de oración y apoyo en lugar de una discusión más estructurada.

3. Lea Isaías 61:1-3 varias veces durante la semana en diferentes traducciones, de ser posible. Luego, responda las siguientes preguntas:

   a. ¿A quién se refiere el "mi" en el versículo uno? (Si no está seguro, vea Lucas 4:14-20.)
   b. ¿Le alegra saber que habrá un "día de venganza del Dios nuestro"? ¿Por qué sí o por qué no?
   c. ¿Cómo describiría los "árboles de justicia"?
   d. ¿Qué promesas de estos versículos resultan significativas para usted?

4. Alabe a Dios versículo por versículo a través de Isaías 61:1-3 por quién Él promete ser en nuestras vidas. Por ejemplo: "Señor Jesús, te alabo porque fuiste enviado para cuidar y dar vista a todos los que tenían el corazón lastimado. Oramos por cada mujer que se encuentre en nuestro grupo hoy, y por todas las que conocemos, que sienten dolor porque su corazón ha sido herido. Que ellas puedan realmente conocerte como Aquél que sana". Luego alabe al Señor por anunciar libertad a los cautivos, y continúe así hasta haber cubierto cada versículo que contenga una promesa.

Secreto 6: ¡Enciéndase!

Sólo para maridos

Las mujeres responden fácilmente. Créalo o no, usted tiene el poder de hacer que su esposa tenga más ganas de estar con usted en cada nivel, en cada forma. Si ella es tímida en el dormitorio, cúbrala de cumplidos. Dígale cuánto ama su cuerpo y cuán feliz lo hace. Dosis regulares de admiración deberían ayudar aún a la esposa más inhibida, a menos que haya temas más profundos o que necesiten enfrentar ciertos problemas.

Sólo para sus ojos

En dos trozos de papel separados, escriba cada cosa que le agrada o desagrada de su relación sexual con su esposo; use un trozo para cada lista. Cuando termine, haga a un lado el papel con lo positivo. Tome el papel lleno con las cosas negativas y revise cada una de ellas ante el Señor. Pídale que le muestre qué actitudes son legítimas y cuáles necesitan de un mayor esfuerzo. Además, determine si lo que no le gusta es responsabilidad suya o de su esposo. ¿Sería capaz de hablar amorosamente con él acerca de ellas?

Por ejemplo, si no le gusta hacer el amor porque siempre está cansada, intente tomar una siesta por la tarde o preste más atención a los ciclos de su organismo. Luego, saque el mejor provecho de aquellos momentos en que sí tenga energía. O, si no le gusta la forma en que su esposo la toca mientras hacen el amor, en lugar de resentirse en silencio, podría sugerirle amablemente que haga las cosas de manera diferente.

Sólo para amantes

En oración, seleccione un concepto de este capítulo que le parezca el que más podría ayudar a su relación sexual. Pida a su esposo que separe unos momentos para conversar con usted sin interrupciones. Con la lista de las actitudes positivas a mano, comience ese tiempo que pueden pasar juntos enumerando las cosas que usted disfruta y aprecia en su relación física. Sería bueno que también le preguntara qué es lo que a él le gusta de usted en este aspecto. A continuación, comparta con su esposo el consejo que cree que podría incrementar el deseo del uno por el otro. ¿Está de acuerdo él? ¿Quiere intentarlo?

Si el desarrollo de su vida sexual involucra un asunto más serio, decida de antemano qué límites deben plantearse si hubiese una renuencia a detener un comportamiento ofensivo. Decir la verdad con amor y sin atacar puede ser muy efectivo, especialmente cuando va unido a firmes lineamientos de respeto y oración.

Para usted y su grupo

1. Pida al grupo que enumere, en una escala del uno al diez —en la que uno es ridículamente miedosa y diez es loca y salvaje— ¿Cuán audaz es usted en la relación física con su esposo? ¿En qué nivel de la escala le gustaría estar? Luego comente cómo resultó la tarea especial para los esposos en la sección "Respire hondo". Si optó por no llevarla a cabo, explique por qué.

2. Analice cuál es el concepto de este capítulo que más le ayudará a usted personalmente a "encenderse". ¿Encuentros con relaciones? ¿Dejarse guiar por su esposo? ¿Actuar de acuerdo a las peticiones de él, para divertirse? ¿Formar una "memoria creativa"? ¿Perder peso o ponerse en forma? Comente brevemente o en detalle, según le parezca.

3. Lea Génesis 2:18-25 varias veces durante la semana, en diferentes traducciones, y luego en voz alta en su grupo cuando vuelvan a encontrarse. A medida que lee estos versículos, pregúntese lo siguiente:

a. ¿Qué significa ser "ayuda idónea"?

b. ¿Es usted ayuda o estorbo para tu esposo? ¿Qué diría él si se le hiciera esta pregunta?

c. ¿Por qué cree usted que la intimidad física, y no sólo la intimidad emocional, entre el marido y la esposa es importante para Dios (v. 24)?

d. La intención de Dios para todas las parejas casadas está clara en el versículo 25: "Y estaban ambos desnudos, Adán y su mujer, y no se avergonzaban." ¿Qué se necesitaría para que este ideal original pueda ser recapturada en su matrimonio?

4. Nada es demasiado privado como para que no pueda compartirlo con el Señor. Él los hizo a su esposo y a usted, y creó la institución del matrimonio como una salvaguarda para todos sus hijos. Pregúntele específicamente qué es lo que usted necesita en la relación con su esposo, confíe en que Él la oye y que "es poderoso para hacer todas las cosas mucho más abundantemente de lo que pedimos o entendemos, según el poder que actúa en nosotros" (Efesios 3:20).

Ore para que cada esposa de su grupo sea motivada a reenergizar la relación sexual con su marido y pueda dar a su matrimonio la máxima prioridad, sólo después de su compromiso con Jesucristo. Si hubiese en el medio problemas profundamente arraigados, pídale a Dios que intervenga en forma poderosa, de manera que los matrimonios de su grupo puedan ser sanados y salvados.

Secreto 7: Lealtad para toda la vida

Sólo para maridos

En uno de sus aniversarios especiales, o si usted acaba de pasar un año particularmente difícil, sorprenda a su esposa con una ceremonia privada para renovar sus votos matrimoniales y regálele un anillo de aniversario o una segunda luna de miel. Dígale que si tuviera que volver a elegir, escogería casaría con ella. ¡Significará muchísimo para ella!

Sólo para sus ojos

Recuerde su día de bodas. Su matrimonio ¿ha superado sus expectativas, alcanzó sus ideales o resultó menos de lo que esperaba? Esto es sólo entre usted y Dios.

Si su relación es mejor de lo que usted imaginó que podría llegar a ser, pase algún tiempo agradeciendo a Dios y alabándolo por la increíble bendición de una unión fuerte y amorosa.

Si ha sido exactamente lo que usted creyó que sería, agradezca al Señor por no haber atravesado mayores dificultades y pregúntele qué puede hacer, tal vez con ideas de este libro, para llevar su relación al próximo nivel

Si su matrimonio ha sido una gran desilusión, agradezca al Señor por todo aquello en lo que puede pensar que sea bueno de su esposo y de su relación, y dele gracias por el crecimiento que ha podido lograr a través de las pruebas. Confiese cualquier pecado de su parte que pueda haber contribuido con los problemas en su matrimonio; luego pídale al Señor que le dé la sabiduría y fortaleza que necesita para iniciar un cambio positivo en su matrimonio.

Sólo para amantes

Dígale a su esposo que está planeando una noche especial sólo para ustedes dos, para celebrar su matrimonio. Cuando llegue esa noche, luzca algo que la haga sentir hermosa. Si salen, escoja un restaurante en el que rememoren algún buen momento o cierto sitio particularmente romántico. Si se quedan en casa (¡No se permiten niños!) use mantelería, vajilla y candelabros. Ponga canciones de amor y recuerden lindos momentos compartidos.

Saque su álbum de bodas y miren juntos las fotos. Conversen sobre aquel día de su casamiento, la luna de miel, sus anhelos y sueños de recién casados, el primer lugar donde vivieron —cualquier cosa que reavive el fuego del amor que sienten el uno por el otro.

A continuación, túrnense para comentar todas las cosas que valoran sobre el otro y cuánto significa su cónyuge para usted. Trate de no callar nada. Concluya la noche con un tiempo de placer sexual. ¡Disfrute!

Para usted y su grupo

1. Pídale a las mujeres de su grupo que compartan cuál voto matrimonial fue más sencillo cumplir. ¿Cuál ha sido más difícil? ¿Por qué?

2. Analice qué secreto —dejar de querer ser perfecta, hablar el lenguaje del amor de él, reír y jugar con su esposo, hablar de los pequeños lujos de la vida, ser libre para amar, encenderse emocional y sexualmente, o la lealtad para toda la vida— ya formaba parte de su vida. Por el otro lado, ¿qué secreto resultó de mayor utilidad para usted? ¿Cómo planea mantenerse motivada para que su matrimonio permanezca siendo puro fuego una vez que termine este libro o que su estudio grupal concluya?

3. Lea Cantar de los Cantares 4:9-10 en tantas traducciones como pueda durante esta semana. Copie su favorita, y luego responda las siguientes preguntas:

a. ¿Cuáles son algunas de las cualidades de una hermana? ¿Cuáles son algunas de las cualidades de una novia? ¿Es usted mejor hermana o novia?

b. ¿Cree que su esposo diría que usted le ha robado el corazón? ¿Por qué sí o por qué no?

Alabe a Dios por lo que Él ha logrado en su matrimonio a través de este libro. Pídale que continúe obrando en aquellas áreas específicas que aún le preocupan. Concluya orando este versículo en voz alta: "Y a Aquel que es poderoso para hacer todas las cosas mucho más abundantemente de lo que pedimos o entendemos, según el poder que actúa en nosotros, a él sea gloria en la iglesia en Cristo Jesús por todas las edades, por los siglos de los siglos. Amén" (Efesios 3: 20-21).

NOTAS

Secreto 1

1. *Merriam Webster's Collegiate Dictionary*, (*Diccionario Universitario Merriam Webster*), 10ª ed. (Merriam-Webster, 1996), s.v. "perfection" (perfección).
2. Edith Shaeffer, *Celebration of Marriage* (*Celebración del Matrimonio*) Grand Rapids, MI: Baker, 1994)
3. Women's Day (Día de la mujer), "Women That Men Love" (Mujeres que los hombres aman) (Nueva York, 2001)
4. Para más información sobre los temperamentos y el impacto que tienen en su matrimonio, recomiendo especialmente la lectura de *Temperamentos controlados por el Espíritu*, por Tim LaHaye (Unilit, 1989).
5. Stormie Omartian, T*he Power of a Praying Wife (El poder de una esposa que ora)*, (Eugene, OR: Harvest House, 1997), 45. Hay edición castellana: *El poder de una esposa que ora*, Unilit.
6. *Webster's New World Dictionary*, (*Nuevo diccionario mundial de Webster*) 3ª Edición universitaria (Simon & Shuster, 1991), s.v. "Adapt" (adaptarse)
7. James Dobson citado en Linda Dillow, *How to Really Love your Man (Cómo amar realmente a su esposo)*, (Nashville: Nelson, 1993), 29-30.

Secreto 2

1. Gary Chapman, *Los cinco lenguajes del amor*, Editorial Unilit.
2. Laura Schlessinger, *The Proper Care and Feeding of Husbands* (*El cuidado y alimento apropiado para el marido*), (New York: HarperCollins, 2004), 43.

3. Jan Karon, *A Common Life: The Wedding Story (Una vida común: Historia de la boda)* (New york: Viking Books, 2001).
4. Amy Dacyczyn, *The Tightwad Gazette* (El boletín ahorrativo), (New York: Villard Books, 1992).
5. Dr. John Gray, *Mars and Venus in the Bedroom (Marte y Venus en el dormitorio)*, (New York: Harper Collins, 1995), 77.
6. Dr. Janet Wolfe, *What to do When He Has a Headache (Qué hacer cuando a él le duele la cabeza)* (New York: Hyperion, 1992).
7. Shannon Etheridge, *Every Woman's Battle (La batalla de cada mujer)* (Colorado Springs: WaterBrook Press, 2003), 144-145.
8. *Webster's New World Dictionary* (Nuevo Diccionario Mundial de Webster), 3ª edición universitaria (Simon & Shuster Inc., 1989), s.v. "leech" (sanguijuela).

Secreto 3

1. Willard F. Harley Jr., *His Needs, Her Needs (Lo que él necesita, lo que ella necesita)* (Grand Rapids, MI: Fleming H. Revell, 1994), 77.
2. Gerard Manley Hopkins, *The One Year Book of Poetry (Libro de poesía de un año)* (Wheaton, IL: Tyndale House, 1999), Abril 29.
3. *Webster's New World Dictionary* (Nuevo Diccionario Mundial de Webster), 3ª edición universitaria (Simon & Shuster Inc., 1989), s.v. "recreation" (esparcimiento).
4. Willard F. Harley Jr., *His Needs, Her Needs (Lo que él necesita, lo que ella necesita)*, 83.

Secreto 4

1. *Webster's New World Dictionary* (Nuevo Diccionario Mundial de Webster), 3ª edición universitaria (Simon & Shuster Inc., 1989), s.v. "luxury" (lujo).

2. Herbert Stein, "Why a Man Needs a Woman" (Por qué un hombre necesita a una mujer), Slate, Junio 1997, reimpreso en Reader's Digest, Mayo 2004, 150.
3. *Webster's New World Dictionary* (Nuevo Diccionario Mundial de Webster), s.v. "Discreet" (discreto).
4. Alexandra Stoddard, *Living a Beautiful Life (Vivir una vida estupenda)* (New York: Avon Books, 1988).
5. Linda Dillow, *How to Really Love Your Man* (*Cómo amar realmente a su esposo*) (Nashville: Nelson, 1993).
6. Dave and Claudia Arp, *52 Dates for You and Your Mate* (52 citas para usted y su pareja) (Nashville: Nelson, 1993), 107.

Secreto 5

1. Departamento de Censos de Estados Unidos, "Unmarried Couples", (Parejas que no están casadas), www.census.gov/PressRelease/www/releases/archives. (Accesado el 16 de Junio de 2005).
2. Ibid.
3. Mateo 6: 14-15.
4. John and Paula Stanford, *Transformation of the Inner Man* (Transformación del hombre interior)(Tulsa: Victory House, 1982).
5. Esta oración fue adaptada del material escrito por John y Paula Stanford, *Transformation of the Inner Man* (*La transformación del hombre interior*), 269-94.
6. Esta oración es una adaptación de la autora de la oración anterior. No hay ninguna oración para la atadura emocional en el libro de Stanford.
7. Efesios 5: 25-32.
8. La adaptación de esta oración está basada en los materiales de Judy Myers, San Jose, Calif.
9. John and Paulda Stanford, *Transformation of the Inner Man* (*La transformación del hombre interior*), 277-311.

10. Apocalipsis 22:12.
11. La adaptación de esta oración está basada en los materiales de Judy Myers, San Jose, Calif.

Secreto 6

1. Linda Dillow y Lorraine Pintus, *Intimate Issues (Asuntos íntimos)*, (Colorado Springs: WaterBrook Press, 1999), 199-210.
2. Ibid., 152
3. Ibid., 155.
4. Ibid., 202.
5. Ibid., 202.
6. Ibid., 202.
7. Clifford y Joyce Penner, "Intimate Service" (Servicio íntimo), *Focus on the Family Magazine* (*Revista Enfoque a la Familia*) (Colorado Springs, Abril 2004), 15.
8. Reader's Digest, "Make Love, Not Wrinkles" (Haga el amor, no haga trucos): RD Relationships, 188.
9. People Magazine, "Sexiest Doctor-Mehemet Oz" (Mehmet Oz, el doctor más sexy), New York Time Inc., 2 de diciembre de 2002), 97.

Secreto 7

1. Elisabeth Elliot, *Let Me Be a Woman* (*Permíteme ser una mujer*) (Wheaton, IL: Tyndale House, 1980), 83.
2. *Webster's New World Dictionary* (Nuevo Diccionario Mundial de Webster), 3ª edición universitaria (Simon & Shuster Inc., 1989), s.v. "honor" (honra).
3. Ibid., s.v. "cherish" (valorar).
4. Henry Cloud y John Townsed, *Boundaries in Marriage (Límites en el matrimonio)* (Grand Rapids, MI: Zondervan, 1999), 110.
5. Douglas E. Rosenau, *A Celebration of Sex (Una celebración del sexo)* (Nashville: Nelson, 1994), 1.

6. Autor desconocido.
7. Clifford y Joyce Penner, "Intimate Service" (Servicio íntimo), *Focus on the Family Magazine* (*Revista Enfoque a la Familia*) (Colorado Springs, Abril 2004), 15.
8. Frederick Buechner según fuera citado en Cloud y Townsed, *Boundaries in Marriage* (Límites en el matrimonio), 87.